传统文化新视野中的
社会与人生

张　伟　王占一　著

山东画报出版社

济　南

图书在版编目（CIP）数据

传统文化新视野中的社会与人生 / 张伟, 王占一著.
济南：山东画报出版社, 2024.6. -- ISBN 978-7-5474-
4859-5

Ⅰ. K203

中国国家版本馆CIP数据核字第2024HC5942号

CHUANTONG WENHUA XINSHIYE ZHONG DE SHEHUI YU RENSHENG

传统文化新视野中的社会与人生

张 伟 王占一 著

责任编辑 张 倩
版式设计 王 芳 刘悦桢
封面设计 光合时代

主管单位 山东出版传媒股份有限公司
出版发行 山东画报出版社
   社 址 济南市市中区舜耕路517号 邮编 250003
   电 话 总编室（0531）82098472
       市场部（0531）82098479
   网 址 http://www.hbcbs.com.cn
   电子信箱 hbcb@sdpress.com.cn
印 刷 山东新华印务有限公司
规 格 148毫米×210毫米 32开
   9.5印张 40幅图 210千字
版 次 2024年6月第1版
印 次 2024年6月第1次印刷
书 号 ISBN 978-7-5474-4859-5
定 价 69.80元

泰山学者工程专项经费资助出版

山东省社会科学规划研究重点项目（15BZBJ03）经费资助出版

目　录

先圣哲思篇

老子：福祸相倚

老子是道家学派的创始人，姓李名耳，又名聃，字伯阳，楚国苦县人。

老子在《道德经》第五十八章讲道："祸兮福之所倚，福兮祸之所伏。孰知其极？其无正也。正复为奇，善复为妖。人之谜，其日固久。是以圣人

老子

方而不割，廉而不刿，直而不肆，光而不耀。"意思是：祸事往往隐藏着福分，福分往往埋藏着祸患。谁能知道它们的极限呢？它们没有固定的标准。正常的事物往往变成奇怪的事物，善良的事物往往变成邪恶的事物。人们对此迷惑不解，已经很久了。所以圣人处世方正而不刻薄，清廉而不伤害，直率而不放肆，明亮而不炫耀。

老子认为，祸福之间存在一种相互倚伏的关系，充满着辩证思想，揭示出事物相互依存、相互转化的道理。他主张：要"中道"而行，人生必然会有顺境，也有逆境；人在这个外界变化当中，左右游走；环境并不能控制，自身行为却可以调整；始终不要走那两个极端，若有一边偏离过去了，就赶紧往另外一个方向调整过来，赶紧拉回正道。

老子出生在一个贫困的平民之家，自幼聪明，性情柔顺，读书过目不忘。老子自小刻苦学习，到十余岁的时候，便博学多识了。一日，幼年的李耳上山砍柴，看到楚国正在攻打宋国，便叹气说："这不是好事啊！"有人问他为什么，他说："枪打出头鸟。宋国正准备争夺霸主。众多诸侯不服气，但又都不敢和它轻易地动刀动枪。楚国前几年由于弱小没有人注意，国内平静，民众安宁，渐渐发展起来。现在，它自以为强大了，想争夺霸主而去攻打宋国，就要引起别人的注意。这次战争，楚国可能会胜利，但从此也不会有安宁了。这有什么值得高兴呢？"老子的话虽有道理，但无人敢说。人们虽知道老子有学问，但又觉得一个小孩子的话信不得。老子听说后，叹道："乐极生悲，祸患不久就要来了。"不料，一年多后，便发生了楚晋城濮之战，楚国惨败。李耳也因此被捕。他却说："这不一定是坏事，大家不必为我担忧。"后来，李耳来到京师，说服了周天子。周天子不但没有降罪于他，还把他留在朝中，做了"柱下史"。不久，李耳觉得做官风险大，便辞职归家，收徒讲学。老子的徒弟则根据平时老子的讲学整理完成了《老子》一书。

老子的故事告诉我们，世间的事物都是相对的，没有绝对的好坏、对错、美丑、高低、贵贱、富贫、荣辱等。一件事情在某种情况下可能是好事，在另一种情况下可能是坏事。一件事情在某个角度看可能是对的，在另一个角度看可能是错的。一件事情在某个时期看可能是美的，在另一个时期看可能是丑的。一件事情在某个地方看可能是高的，在另一个地方看可能是低的。一件事情在某个人看可能是贵重的，在另一个人看可能是廉价的。一件事情在某个人看可能是荣耀的，在另一个人看可能是耻辱的。

"福祸相依"是老子给我们提供的一种深刻而实用的哲学思想和生活智慧。它可以帮助我们正确地看待世间万物的变化无常，也可以帮助我们合理地调节自己的情绪和心性，还可以帮助我们有效地应对和处理生活中的各种福祸和变化。我们应该学习和实践老子"福祸相依"的思想，以达到一种超脱而自在、安然而乐观、圆满而和谐的人生境界。

晏子：权有无，均贫富

晏婴，字平仲，史称"晏子"，是齐国夷维人。晏婴足智多谋，刚正不阿，为齐国的繁荣昌盛立下了汗马功劳。

晏婴作齐卿五十四年间，齐国不断走向衰落。国君平庸昏聩，骄奢淫逸；国家内忧外患，处在祸福存亡之间。晏婴凭借着自己的聪明才智，力挽狂澜，使齐国在各诸侯国中赢得了应有的地位，他本人也成为齐国历史上与大政治家管仲并称的人物。晏子的故事，经过民间流传和众人的加工，到战国中后期基本定型，到汉代刘向校雠整理成《晏子春秋》后，内容也开始固定下来。

《晏子春秋》共八篇，二百一十五章。每章都写了一个完整的故事，有人物描写、环境烘托、故事情节，还有不少章节写了矛盾冲突，很吸引人。它以人物为中心，一事一记。每个事件之间既有联系又各自独立，形成一个一个的小故事。全书二百多个小故事，相互关联和补充，构成了栩栩如生的完整晏婴形象。《晏子春秋》把晏婴塑造成了一位有血有肉、具体可感的智者。

晏子曰："橘生淮南则为橘，生于淮北则为枳，叶徒相似，其实味不同。所以然者何？水土异也。"晏子以橘树生长的自然现象比喻社会现象，说明环境对于个体的成长与发展具有重要影响，展示出巧妙的外交辞令和过人的辩论才华。

齐王派晏婴出使楚国。楚王很不友善，想趁机羞辱齐国。由于晏婴个子矮小，楚王便特意在城门旁边开一个小门，准备让晏婴从小门进城。晏婴清楚楚王的用意，便停在门口，对侍卫说："如果我出使的是狗国，我自然从这个小门洞里进去；如果楚国不是狗国，那我还得从大门进去。"侍卫无奈，只好让晏婴从大门进城。晏婴凭借自己的机智，取得了第一回合的胜利。

晏婴见到楚王，双方落座。楚王装作不理解的样子，问晏婴："齐国的人一定不多了？"晏婴反问道："何出此言？齐国有成千上万户人家。齐国的街市里，热闹的时候人要互相侧着身子才能通过。人多得可以说是举手蔽日，挥汗成雨。"楚王大笑道："既然如此，怎么会派你这样的人来出使呢？"晏婴不动声色地回答："君王有所不知，我们齐国有一个不成文的规矩，即派遣使臣要依据出使国家的情况来定。如果对方的国君是明礼的，便派明礼之人为使臣；对方国家若是有才智的，便派有才智的人出使；在齐国实在找不出比我更蠢的人来，就只好派我来了。"这一回，楚王又没有得到好处。

席间，两位兵士押着一位犯人来见楚王。楚王问："这个人犯了什么罪？"兵士则按照设计好的话回答道："这位齐国人是劫匪。"

楚王故意摇摇头，对晏婴说："齐国人怎么喜欢做这样的事？"晏婴也摇摇头说："齐国人在齐国从不做犯法之事，到了楚国便成了这个样子，真是风气不同啊！"晏婴面对楚王的挑衅，从容应对，临事不乱，不仅没有让楚王占到半点便宜，而且给了楚王有力的回击。

这则故事充分表现了晏婴灵活机智、反应敏捷的特点，同时又表现了他不辱使命、善于应对的外交家才能。他谈笑风生，挥洒自如，既有原则性，又有灵活性；既不长对方的志气，又利用对方无礼的玩笑以退为进，使辱人者自辱。

《晏子春秋》讲道："其取财也，权有无，均贫富，不以养嗜欲。"均贫富是中国历史上主张在社会财富的分配中既贫富有差，又不相悬殊的经济思想。晏子认为，国君应根据负担能力，对穷人与

晏子使楚

富人合理征收赋税。由此可见，《晏子春秋》所表现出来的最可贵的思想是重民与爱民。

一年冬天，齐景公大兴大台之役。外面天寒地冻，人民啼饥号寒，苦不堪言；而统治者则衣白裘，听歌舞，花天酒地。晏婴不但用凄凉的歌声表达人民的呼声，以图打动国君的恻隐之心，而且"歌终，喟然而流涕"，竟情不自禁流下了眼泪。由此可见，晏婴对人民的感情是真挚热烈，发自肺腑的，丝毫没有掺假的成分。

又有一年，天降大雨，连下了十七天。齐国境内一片汪洋，几成泽国。人民房屋倒塌，流离失所，忍饥挨饿，哀鸿遍野，可齐景公却视而不见，充耳不闻，整天饮酒作乐，醉生梦死。在多次劝谏无效的情况下，晏婴竟"分家粟于氓，致任器于陌"，把自己家的粮食拿出来救济百姓。其情其景可谓感人至深，令人敬仰。

晏婴把"爱民"看作最崇高的思想，主张节俭，反对向人民横征暴敛，反对大兴土木，主张减轻刑罚，反对滥杀无辜。晏子这样做，就是出于对人民的爱护。他从自身做起，崇尚节俭，对自己物质欲望的抑制简直到了令人难以置信的地步。他穿破衣，吃粗粮，不讲排场，不比阔绰。晏婴的公仆意识之强，爱民之深，是显而易见的。这在人剥削人、人压迫人、人心不古、礼崩乐坏的春秋时代里确属难能可贵。

《晏子春秋》还记载了许多表现晏婴优良品质和高尚道德情操的故事。齐景公非常疼爱自己的女儿，他想将她嫁给晏婴，齐景公于是到晏婴家宴饮。正喝得痛快的时候，齐景公看见了晏婴的妻子，说："这就是先生的妻子吗？"晏婴回答："是的，这是我的妻子。"齐景公说："嘻！她又老又丑。寡人有个女儿年轻又容貌娇美，请让她充实先生的内室。"晏婴离开座席回答："如今我的妻子确实又老又丑，可是我与她共同生活的时间很长了，也曾经赶上她又年轻又漂亮的好时候。况且人本来就是从壮年托身于人一直到老年，从漂亮托身于人一直到变丑。她曾托付于我，而我也接受了她的托付。君上虽然有所恩赐，但可以因此让我违背我妻子的托付吗？"晏婴拜了两拜谢绝了。

晏婴的这种糟糠之妻不下堂，坚守爱情，不背叛老妻的行为与品德，不仅在男尊女卑的封建时代殊为难得，就是在今天，也是一种十分可贵的品格。

对于晏婴的人品和才能，司马迁曾赞叹不已，说道："假令晏子而在，余虽为之执鞭，所忻慕焉。"能让司马迁执鞭牵马，晏婴在为人处世上着实不简单。

孔子：仁者不忧

孔子开创了儒家学派。儒家的核心思想是"仁"。可以说，"仁"是儒家贵德价值观体系的理论核心，是儒家的价值取向和价值目标。

那么，何为"仁"？东汉许慎《说文解字》解释说："仁，亲也，从人从二。"可见，"仁"是指人与人亲密无间。"樊迟问仁，子曰：'爱人。'"孔子的弟子樊迟问孔子什么是"仁"，孔子回答说："爱人。""爱人"可以被看作孔子的"仁"的基本含义。

孔子

"厩焚，子退朝，曰：'伤人乎？'不问马。"

"爱人"是一种高尚博大的情怀，是中华民族传统美德。《论语》中有一则故事，讲的是，孔子家里的马棚失火被烧掉了，而他下朝回到家听到这个消息后，首先问人有没有受伤。这里的"人"指的是养马者，在春秋时期只相当于奴隶或半奴隶，社会地位非常低。孔子只问人，不问马，表明他重人不重财，十分关心下面的人。

孔子仁爱的对象也包括劳动人民。孔子所宣扬的仁，是对人的价值的发现与肯定。他要求尊重每个人的人格，认为正是在与别人相亲相爱的过程中，人才真正确立起自己作为人的价值。他认为，凡有人群的地方，人们都必须相亲相爱、和睦相处。只有这样，社会才会安定与和谐，人类群体才能繁衍和发展。离开了"爱人"，人就不称其为人，社会也就不称其为社会。

孔子曰："惟仁者能好人，能恶人。"孔子认为，只有那些有仁德的人，才能爱人和恨人。这话听起来挺浅显，可又有疑惑。为什么仁者才能爱人、恨人呢？我虽然不是仁者，可一样是有喜好、有厌恶的人啊！每个人都有自己的好恶之心，为什么非得仁者才能有？

这是因为，孔子在讲"仁"的时候，并非局限于"爱人"的一面，也有"恶人"的一面。孔子认为，不仁之人多是心存私欲，并受此蒙蔽。他们眼中的善恶并非真正的善恶。只有心怀仁德之人，才会不受私欲的影响，明辨是非善恶。也就是说，只要做到"仁"，就能公平公正地对他人作出评价，分辨善与恶。

孔子的观点提示我们，在对他人作出评价时，不能因为个体间的差异或是自己的喜好，而对他人作出有差别的评价。只有从多方面、多层次、多角度对其进行分析，尽量不要掺和个人的感情色彩，多从客观方面入手，才能作出准确判断。当然，若想做到这一点，大家还应从自身做起，内心要有强烈的道德意识，以符合道义的标准待人接物，不能戴着有色眼镜去看人。

孔子曰："巧言令色，鲜矣仁。"花言巧语，装出和颜悦色的样子，这种人的仁心就很少了。孔子此语，意在告诫他的弟子，无论是做人还是做事，都应真诚坦荡。要在言行上服从真善的准则，不去刻意地追求外在的装饰。若是利用花言巧语讨好别人就是为假作恶，这样做是无法修成完善人格的。

孔子之所以痛斥花言巧语，一方面是因为他看到花言巧语的丑恶本质，另一方面则是因为那些听信花言巧语的人往往会上当受骗，进而遭受事业的挫败，造成严重的社会后果。儒家崇尚质朴，反对花言巧语；主张说话应谨慎小心、说到做到、先做后说，反对说话办事随心所欲、只说不做、停留在口头上。这表明，儒家注重人的实际行动，特别强调人应当言行一致，力戒空谈浮言，心口不一。这种踏实态度和质朴精神长期影响着中国人，成为中华优秀传统文化的精华内容。

孔子曰："知者不惑，仁者不忧，勇者不惧。"孔子的弟子司马牛请教孔子：如何去做一个君子？孔子回答说："仁者不忧，知者不惑，勇者不惧。"古时，"智、仁、勇"是一个人最好的品质。一个"仁"者，不整日患得患失，不整日为个人利益未得满足而忧，不整日为社会关系不协调而忧。一个"智"者，因为有了学问，看问题清晰，不被一些不解的事迷惑。一个"勇"者，无所畏惧。具备这三者，便是一个"君子""成人"。实际上大量人做不到此三点。孔子这句话的意思是叫人们在这三方面努力。如果能达到，便会有三种结果。

孔子的仁是各种品德的集合体，仁者是完美无缺的人格体现。这种仁爱宽厚的人文精神，继承着它的合理性，陶冶着人们的思想和行为，并在新的历史条件下被赋予了新的内容，使得仁爱之风在我国延续，并成为形成新道德风尚的一种必不可少的借鉴。

孔子：不学礼，无以立

孔子曰："不学礼，无以立。"所谓礼，就是礼节。古有"五礼"，即吉礼、凶礼、军礼、宾礼、嘉礼。"礼"是孔子儒家思想的重要组成部分。《论语》有多处记载了孔子对"礼"的解读。

在政治上，孔子主张用"礼治"建立各种典章制度，来规范人们的行为，以达到统治国家的作用。他说，能够用礼让原则来治理国家，那还有什么困难呢？不能用礼让原则来治理国家，怎么能实行礼呢？

《论语》指出："能以礼让为国乎？何有？不能以礼让为国，如礼何？""礼治"思想的形成是源自西周时期的周公，成于春秋时期的孔子。武王

《论语》

伐纣建立了周朝之后，周人不再像殷人那样迷信天命。也就是从此时起，"礼"真正具备了儒家法律思想的内涵，而儒家的礼治思想也开始逐渐形成了。在周人看来，"礼"是治理国家的唯一准绳。周公制作礼乐之后，"礼"从祭祀活动变为一种系统性的治国手段，而在周礼中始终贯穿着"亲亲""尊尊""长长""男女有别"四个原则。而这几个原则，也使得人们对于"礼治"有了较为系统的认识，并且开始为儒家思想所吸收和发展，最终体现在后来儒家思想中的"德"和"伦理"等方面。

孔子是"周礼"的推崇者，也是"礼治"思想的改造者。先秦儒家是春秋战国时期的最大学派。在礼崩乐坏的春秋时期，孔子依然主张"礼让为国"，而周礼就是孔子思想形成的理论支撑。有了周礼作为支撑，孔子又对其做了改造，进一步提出并构建了以"仁"为本源，以"经国"为目标，以"复礼"为愿景的"礼治"思想体系，这也是先秦儒家思想的理论基础和核心所在。

《孔子家语》讲道："闵子哀未忘，能断之以礼。子夏哀已忘，能引之及礼。虽均之君子，不亦可乎？"孔子"礼教"是有关周代礼乐制度与礼乐文化的教育。孔子将"孝"作为推行礼乐文化、践行礼乐制度的伦理基础。这是因为孔子认为：礼乐文化塑造人的社会关系，而社会关系首先是伦理关系。"孝"是人的立身之本，以"孝"为突破口来施行"礼教"，最容易为大家所理解，也最容易见到成效。

《论语》记载了这样一个故事。

孔子的弟子宰予问孔子："父母死了，服丧三年，为期太久长了。君子三年不习礼，礼一定会败坏；三年不演奏音乐，音乐一定会荒废。旧谷已经吃完，新谷已经登场，取火用的燧木已经轮换了一遍，服丧一年就可以了。"

孔子说："丧期不到三年就吃稻米，穿锦缎，对你来说心安吗？"

宰予说："心安。"

孔子说："你心安，就那样做吧！君子服丧，吃美味不觉得香甜，听音乐不感到快乐，住在家里不觉得舒适安宁，所以不那样做。现在你心安，就那样去做吧！"

宰予出去后，孔子说："宰予不仁啊！孩子生下来三年后，才能完全脱离父母的怀抱。三年丧期，是天下通行的丧礼。宰予难道没有从他父母那里得到过三年怀抱之爱吗？"

在孔子看来，"三年之丧"是对父母三年怀抱之爱的报答，也是一个人仁爱之心的体现。遵循守丧三年的礼制就不是一个制度问题、形式问题，而是一个情感问题、人格问题、人性问题。与之相对，在孔门弟子中，更多的则是切实遵循守丧礼制的正面人物。

《孔子家语》记载了这样一个故事。

孔子的弟子子夏守完三年的丧礼，前来拜见孔子。孔子说："给他一把琴。"子夏边拉边唱，和乐得很，唱完站起来说："先王制作的礼乐，我不敢不去完成它啊。"

孔子说："是一个有道德修养的人。"

孔子的弟子闵子骞守完三年丧礼，也来拜见孔子。孔子说："给他一把琴。"闵子骞边拉边唱，悲伤得很，唱完站起来说："先王制作的礼乐，我不敢超越它啊。"

孔子亦称赞他说："是一个有道德修养的人。"

子贡听了疑惑不解，向孔子请教说："闵损（闵子骞）的哀思还没有完，您说他是有道德修养的人；卜商（子夏）的哀思已尽，您也说他是有道德修养的人。两人的感情不同，而您都称赞他们有道德修养。学生疑惑，请问何故？"

孔子说："闵损没有忘记悲哀，可他能按照礼制来截断、压抑哀思；卜商（子夏）的哀思已尽，但他能够按照礼制的规定来延长孝思。即使他俩都被称为有道德修养的人，不也可以吗？"

子夏、闵子骞均遵守三年之丧的礼制，虽然他们结束守制后的情绪有所不同，但因为他们都很好地遵守了礼制，所以孔子赞许他们都是君子。可见，孔子"礼教"具有很强的实践性。可以说，孔子通过庆生、婚礼、丧礼、祭祀等各种社交礼仪，来教育和规范人们的行为，以达到移风易俗的作用。

《论语》讲："非礼勿视，非礼勿听，非礼勿言，非礼勿动。"弟子颜渊请教孔子什么是"仁"。孔子说："克服自己的私欲，恢复礼仪，这就是仁。无论在哪一天，人人都能做到克己复礼，那么天下就是仁的世界。这些所作所为都在自己，难道还要依靠别人来监督吗？"颜渊说："请问具体的准则。"孔子说："不符合礼的不看，不符合礼的不听，不符合礼的不说，不符合礼的不做。"

孔子要求"克己复礼"，即克制自己的欲望，规范自己的行为，使言语行动都合乎礼仪规范。具体来讲，这就是四个"非礼勿"，即不合乎礼的不看、不听、不说、不做。将视、听、言、动都归于礼，并不是说只在社会礼俗中循规蹈矩，而是于约束之中见心的自由，于恭敬辞让之中见心的高明。简单来说，这里的"礼"，可以解释为社会公德。不遵守社会公德的人，就是无礼之人。

孔子曰："人而不仁，如何礼？"这讲的是："礼"来自人心的自觉。这是孔子个人之"礼"的最大贡献。孔子赋予僵化了的"礼"及"仁"的灵魂，期望通过教育，让人们从外在行为规范中对自己的生命进行观照，从而唤醒自己的心灵，去做一个立志修养品德的君子。

在现代社会，学习和传播孔子的"礼"文化，取其精华，去其糟粕，可以传承中华优秀传统文化。用"礼"正确处理人际关系，构建社会主义和谐社会。

子思：君子素其位而行

子思

中庸之道，是指为人处世当恰如其分，恰到好处，既不能"不及"也不能"过分"。中，无过无不及；庸，平常。

中庸之道的主题思想是教育人们自觉地进行自我修养、自我监督、自我教育、自我完善，把自己培养成具有理想人格，且能达到至善、至仁、至诚、至道、至德、至圣、合外内之道的理想人物，共创"太平和合"的境界。

相传，战国时期，子思及其弟子创作了《中庸》一书。其内容肯定"中庸"是道德行为的最高标准，认为"至诚"则达到人生的最高境界，并提出"博学之，审问之，慎思之，明辨之，笃行之"

的学习过程和认识方法。

子思，是孔子的孙子，姓孔名伋，字子思。他师从孔子的学生曾子，而他的学生就是大名鼎鼎的孟子。

子思十六岁时，与宋国一位名叫乐朔的大夫讨论学问之道。乐朔先道："《尚书》中只有《尧典》《舜典》等三四篇诰文写得很好，而之后的《费誓》《秦誓》等都是模仿尧舜说的话，无法和《尧典》《舜典》相提并论。"子思对此反驳道："时代不同，理应如此。假如把周公和尧舜的时代相互调换，就是尧舜也会模仿周公写作诰文。"乐朔又道："但凡写诰文，是要让百姓都能看懂，都能明白，所以好的公文最重要的是通俗易懂。但是那些诰文故意写得深奥难懂，这不是故意自找麻烦吗？"子思又反驳道："古书上的记载固然有难读之处，但是对于文字训诂下点功夫也不难理解。古人之所以这样写，就是为了典雅，使文章富有艺术的美感。"乐朔听罢，很不高兴，于是起身走了。乐朔回去后将自己与子思的对话告诉了自己的党徒。党徒们听罢便要为乐朔报仇，于是一群人奔子思住所而来。宋国国君听到后亲自前去营救子思，解了子思危难。子思脱困后说道："当年周文王被囚禁于羑里，创作了《周易》。先祖在陈、蔡之间受难，创作了《春秋》。我现在困于宋国，能无所创作吗？"于是，子思便写下了《中庸》。

中庸之道讲的是人各有其位，应各谋其政，不超出应有的限度，找到自己的临界点，并追求不断提升自己。《中庸》第一章讲道："天命之谓性，率性之谓道，修道之谓教。""致中和，天地位焉，万物育焉。"这实际是说人有自己的位置，而所处的这个位置不是折中，而是中庸。如果每个人都处在这个位置，那么天地万物就是一片祥和。第十七章讲道："故大德，必得其位，必得其禄，必得其名，必得其寿。"这就是说，应当以德配位，让合适的人获得合适的位置，这样才符合中庸之道。第二十二章讲道："能尽物之性，则可以赞天地之化育。可以赞天地之化育，则可以与天地参矣。"这讲的是同样的道理。

"君子素其位而行，不愿乎其外。"中庸之道并不是让人不守原则地无限退让，也不是让人选择一个绝对的中间点，而是让人找到一个适合自己的位置，在家为孝子，在朝为忠臣，发挥自己的才智，尽到自己所在职位的职责。

中庸之道，是中华优秀传统文化的精髓。它要求我们不断地提高自身的素质和修养，待人待物至诚至善，达到人与自然和谐相处。我们汲取中庸之道中的积极因素，对于维护社会和谐稳定具有重要意义。"中庸"其不偏不倚、无过无不及、中正及中和的思想能使人身心和谐，并能使人处理好人际关系、国际关系及人和自然的关系，达到社会的整体和谐。弘扬中庸之道对构建社会主义和谐社会具有重要作用。

墨子：兼爱非攻

墨子，名翟，春秋末期战国初期宋国人，中国古代思想家、教育家、科学家、军事家，墨家学派创始人和主要代表人物。墨子思想十分丰富，提出了"兼爱""非攻""尚贤""尚同""天志""明鬼""非命""非乐""节葬""节用"等观点，创立了以几何学、物理学等学科为突出成就的一整套科学理论。墨家在先秦时期影响很大，与儒家并称

墨子

"显学"。战国时期的百家争鸣，有"非儒即墨"之称。

"兼爱"思想是墨子思想的核心，包含平等与博爱。墨子要求君臣、父子、兄弟都要在平等的基础上相互友爱，还要求爱别人就像爱自己，并认为社会上出现强执弱、富侮贫、贵傲贱的现象是因天下人不相爱所致。他反对战争，要求和平。墨子一生在诸侯国之间

奔走，宣传他的和平主张，并用行动制止战争。

"非攻"是墨学的重要范畴，是墨子军事思想的集中体现。他认为，当时进行的战争均属掠夺性非正义战争。他在《非攻》诸篇中，反复申诉非攻之大义，认为战争是凶事。所以墨子主张，以德义服天下，以兼爱消弭祸乱。在墨子眼里，兼爱可以止攻，可以去乱。兼爱是非攻的伦理道德基础，非攻是兼爱的必然结果。

有一次，墨子听说强大的楚国要攻打弱小的宋国，而且，他的一位同乡公输般正在帮楚王设计制造一种新式的攻城武器——云梯。墨子决定马上到楚国去，制止这场侵略战争。

墨子不顾劳苦，日夜兼程，先来到宋国，了解宋国的防御情况。宋国是个贫穷的小国，放眼四望，人烟稀少，满目萧条，看不到一块肥沃的土地。墨子感叹地想："这样一个又穷又弱的小国，楚国还要攻打它！"

墨子到达了宋国的都城商丘，但谁也没有认出这个衣衫破旧的人就是有名的学者墨子，因为他动身的时候只带了几个窝窝头，也没有换衣服，也没有梳理头发胡子，加上路上风吹雨打，现在看来，简直就像一个乞丐。

墨子看了一下都城的城墙，到处残破不堪，东门甚至有两个大缺口。有些老百姓正在修补城墙。"这怎么能抵挡楚国的进攻呢？"墨子想，忍不住叹了口气。他见到了他的学生管黔敖，传授了一些防御敌人进攻的办法。之后，墨子决心去楚国谈判，以此来阻止战争。

墨子匆匆来到楚国，发现楚国的京城比宋国的京城大得多。街道宽阔、房屋整齐，街上的车马、行人川流不息，显得十分繁华。墨子问了问行人，找到他的同乡公输般家里。公输般正在改进"云梯"的模型，见到墨子，非常高兴。

公输般问道："先生远道而来，有什么事吗？"墨子淡淡地说："有件事想请你帮忙。北方有人侮辱我，你能帮我杀掉他吗？"公输般听了，很不高兴。墨子又加了一句："如果你杀掉这个人，我给你十元钱作为报酬。"公输般皱着眉，冷冷地说："我是讲仁义的，决不杀人。"

墨子站起来，朝公输般拜了两拜，然后平静地说："刚才的话，不过是想试探一下。我在北方，听说你造了云梯，要帮楚王攻打宋国。宋国有什么罪过呢？楚国多的是土地、少的是劳力，现在去攻打弱小的宋国，杀死宋国的老百姓、掠夺宋国的土地，这不能说是'明智'。宋国没有罪，却要攻打它，这不能说是'仁义'。你不愿杀一个人，却帮楚王去杀害成千上万的宋国百姓，这难道是'仁义'吗？"公输般无话可说了。

墨子劝道："那么，你就不要帮助楚王攻打宋国了。"公输般摇摇头说："不行，我已经制造了云梯，我无法劝阻楚王停止进攻宋国。"墨子又说："好吧，你带我去见楚王，也许我能劝阻他。"公输般只好把墨子带到楚王面前。墨子向楚王行礼后，从容地说："现在有这么一个人，他不要华丽的车，却想偷邻居破旧的车；他不要锦绣衣裳，却想偷邻居的破短衫；他不要米和肉，却想偷邻居的糠菜饼。大王以为，这是个什么人？"

楚王笑着答道："我想，这个人一定患有病。"墨子微笑了一下，说："楚国的地盘有方圆五千里，而宋国只有五百里，这就像华丽的车和破旧的车。楚国云梦泽的湖边满是犀牛、野鹿，长江汉水里鱼鳖成群，而宋国连野鸡、鱼虾也难见到，这就像米、肉和糠菜饼。楚国有茂密的森林、连片的果园，可是宋国连大树也没有，这就像锦绣衣裳和破短衫。所以，在我看来，大王要攻打宋国，和我说的这个人，是很相似的。"

楚王皱着眉，想了一下说："你说得很对，可是现在云梯已经造好，我只好按原计划办。"墨子说："大王要打宋国，谁胜谁负，很难说。现在我就可以同公输般比试比试，请你叫人拿些小木片来。"楚王叫大臣拿了一些木片来。墨子解下腰带，在桌上弯成弧形，向着公输般，当作防守的城，又把木片分成两份，当作进攻和防守的军队。于是公输般开始向墨子发动"进攻"了。只见一进一退，攻守双方变换了九种战术。公输般放下木片，叹了口气，说："我输了。"

公输般阴沉地对墨子说："我有办法赢你，但是我不想告诉你。"墨子镇静地说："我知道你用什么办法，但是我不想说。"楚王不耐烦地问："你们两个说些什么呀？"墨子答道："公输般的意思是，只要杀掉我，宋国就败了。可是，他想错了。在我来之前，我已告诉了我的学生防守的方法，他们正在宋国的城墙上守卫着。就是杀了我，大王也很难取胜。"楚王被说服了，说道："你考虑得真周密。既然如此，我就不进攻宋国了。"就这样。墨子阻止了一场侵略战争。

墨子的"非攻"并不等于非战，而是反对侵略战争，很注重自卫战争。自卫是反侵略的一个重要组成部分，不自卫就会等于不反侵略。墨子也确实有一套守御城池的绝招，被称为"墨守"。《墨子》记载着他们制造和使用防御战具的经验。在现实生活中，我们也可以借鉴墨家的兼爱思想，去关爱他人，尊重他人。我们可以学习墨家的非攻精神，以和平的方式处理矛盾和冲突，而不是诉诸暴力。

庄子：圣人无名

有这样一个人，他家里很穷，衣食不足，实在揭不开锅时还要去监河侯那里借米；去见国王时，他穿着那种带好多补丁的破旧衣裳，随便用草绳作鞋带；当一个叫曹商的得到秦王的欢心后获得很多奖赏时，他却用淡然的态度、苛刻的话语嘲讽了他；楚王派大臣去找他，希望把楚国的相位授予他，他却讲了一个故事回绝了；他的结发妻子去世了，好朋友前去吊唁，他却在那"鼓盆而歌"，不痛苦也不悲伤……

能够这样豁然达观地活在世上，顺应自然、淡泊富贵，看破名利与生死。这个人，就是庄子。

庄子，名庄周，生活在战国时期的宋国蒙。他的退隐、不争、率性和淡泊，在整个中国文学史

庄子

上也是首屈一指的。他主张修身养性、清静无为，在贫贱中自得其乐，逍遥自在。

《逍遥游》中讲道："至人无己，神人无功，圣人无名。"这句话的意思是：道德修养最高的人能顺应客观，忘掉自己；修养达到神化不测境界的人，无意于求功；有道德学问的圣人，无意于求名。他主张过淡泊超然的生活。每个人的内心深处，都渴望过着庄子一样逍遥淡泊的生活。庄子能够自由自在、随心所欲地追求内心的安逸，不用戴着面具，伪装着去迎合。可我们每天忙忙碌碌，总想着等自己的地位、名声、财富水平达到某种程度后，就可以过上那种逍遥的生活了。

可是，在追逐这个目标的过程中，精神与心灵承受着巨大压力，内心痛苦非常；达不到目标就失望、抱怨、自暴自弃，甚至仇视、报复社会；精神上的高度紧张导致在一些无谓的小事上略有不满不如意，甚至精神崩溃，导致更严重的后果。即使达到了目标，我们又会有更高的目标，或者害怕失去已经拥有的东西，仍然过不上曾经梦想并且一直追求的逍遥生活。这个时候，我们开始怀疑自己的努力和方向，并怀疑自己的付出。而这一切，是否值得？

有这样一个故事：一个富翁到了一个小岛上，看到有个渔民每天捕鱼，可渔民只打够吃的就收工。他很不解，就问渔民："你为什么不多打一些呢？"渔民问："打多了干什么呢？"富翁说："多打一些你就可以卖一些，多赚些钱，之后，你就可以开鱼制品的工厂，就可以赚更多钱。"渔民问："赚更多钱干什么呢？"富翁说："那你就可以到一个小岛上，每天过非常悠闲的生活。"渔民反问："我现在不就过着这样的生活吗？"回头看一看，你一生所追求的，可能正是那个渔民现在所拥有的。

很多时候，我们都是从终点又回到起点。我们所追求的最终目标，不管是名还是利，是感情还是所谓的自身价值的实现，最终都是满足自身的需要。可是在这个数字化的社会中，为了判断和比较，整个社会必须对目标定一个简单明确的物质标准，而这个标准注定会演变为对名气、房子、车子、票子的衡量。而对这些目标的追求，并不是我们真正喜欢和向往的，而是生活在周围的人互相给对方定义的标准。一个人迷失在功名利禄之中，常常会忘记了人生本身的意义和本身追求的目标。也正是这个原因，我们才会透支我们的身体和心灵，走不出"四十岁之前用命换钱，四十岁之后用钱换命"的怪圈。

为自己的目标设定一个物质条件，等物质条件满足后，再去寻找精神的食粮。美国著名心理学家马斯洛的人类动机理论中对人的需求有一个从低到高的发展层次的论述，为我们对于自己发展道路的选择提供了理论依据。可能很多人觉得，只有具有相当财富或物质条件的人，才有可能、有条件、有资格逍遥，而一个穷困潦倒的人，他怎么能有追求，怎么能够逍遥呢？

让我们看看庄子，看看他给楚国大臣怎么说的吧。

庄子问："我听说楚国有一种神龟，死了三千年了，但它的骨头还被放在宗庙里，用作占卜。你说，它是情愿送了性命留下骨头让人敬重好啊，还是情愿活在烂泥巴里打滚好呢？"大臣回答："我猜它一定愿意在烂泥巴里打滚。"庄子说："那么你们回去吧，我和它一样，愿意拖着尾巴在烂泥巴里打滚。"

可有人说了，我们追求更好的生活有什么不对呢？改革开放不也是让老百姓生活得更好吗？人们或者认为庄子是消极的，过着穷困潦倒的生活，不思进取，不值得我们学习，但这是对庄子的误解。

庄子是主张精神上的逍遥自在的，所以在形体上，他也试图达到一种不需要依赖外力而能成就的一种逍遥自在的境界。但这绝不是消极，而是要顺从自然的法则，要安时而处顺，才能达到我们想要的境界和目标。庄子《养生主》讲了庖丁解牛的故事。庖丁是怎么解牛的呢？他整个动作像舞蹈，合乎古代乐章的节奏，简直就是一场表演，是艺术。怎么做到这样呢？庖丁说："臣之所好者，道也，进乎技矣。"三年之后，庖丁就不见全牛了，看到的是骨骼肌理，就可用刀子准确地进入骨骼的缝隙，而不再去硬碰，就可以游刃有余地让牛肉如土委地。很多屠夫要经常换刀，是因为他老砍骨头，这刀自然就坏了。而庖丁呢？他以无厚入有间。刀本身就是薄的，骨骼之间是有缝隙的。用不厚的刀准确地进入缝隙，又怎么会磨损呢？所以整整十九年，拿在手中的那把刀，还是跟新的一样。

他顺从自然，所以才能真正把握住事物发展的客观规律，也才能达到很高的境界，也才能更容易地实现更高的理想，则所追求的一些物质上的目标也会水到渠成。

每一个人都希望自己的一生是幸福的，能够实现自身的理想和价值。但又往往自以为是，受社会中各种各样的外部评价影响，常常把自己的主观愿望强加于客观事物，而不能真正认知自己的内心，结果被所谓的潮流所左右，在纷繁的大千世界中迷失了自己。

庄子告诉我们只有真正清醒地认知了自己，了解事物真正的规律，才可能获得成功的人生。而认识自己，却是一件非常难的事。

怎样才能做到有自知之明，怎样才能不受外部评价的影响正确地认知自己呢？答案很明白，像庖丁解牛那样，就能正确全面地看清世界上的事物。比如，我们常常感受到各种压力，这就要求我们保持对自我清醒的审视，对自己所面临的压力像庖丁一样进行解析，再一点一点写在纸上，然后把很多压力的来源等问题都分析清楚，针对问题拟定解决的措施。等到把所有问题能够表达清楚，你就会发现：其实那些压力和问题，并不像你所想的那么大；其实绝大多数问题和压力并不真正存在，而是对自身过多的关注，才导致了对一些问题的迷茫、恐惧和担心。

庄子的词典里没有实体或同一性这样的概念，而倾向于表达生命和事物在"阴阳"影响下的永恒变化。庄子崇尚的"道"，即一切都在变化之中，但又遵守了恒定的并且十分明确的法则。顺应事物的自然运转，就可以做到宠辱不惊，真正懂得庄子"子非鱼，安知鱼之乐"那个故事的含义，知道自己如何获得真正的快乐，不用在意社会那些约定俗成的标准，握住内心真正的愿望，获得自己内心的和谐而不是随波逐流。就可以做到像苏洵在《心术》中说的"泰山崩于前而色不改，麋鹿兴于左而目不瞬"，就能达到庄子的"鼓盆而歌"。

孟子：以德服人

孟子

孟子有言："以力假仁者霸，霸必有大国；以德行仁者王，王不待大——汤以七十里，文王以百里。以力服人者，非心服也，力不赡也；以德服人者，中心悦而诚服也，如七十子之服孔子也。"

在治国、平天下问题上，孟子尊崇王道，贬斥霸道。他把实行仁政、重视道德教化而统一天下称为"王道"，把假借仁义之名、倚恃武力征服别人称为"霸道"。在孟子那里，仁政、王道、德政的内涵是基本相同的。他指出："王道与霸道有着不同的基础。倚仗武力然后假借仁义之名可以称霸诸侯，称霸诸侯一定需要凭借国力的强大；依靠道德教化和实行仁政可以使天下归服，这样做不必以强大的国家为基础。商汤仅仅依靠方圆七十里的土地，周文王依靠方圆一百里的土地，施行仁政，使天下的人归服。"孟子进一步论述了王道与霸道的不同功效，于是提出了上述名言。它的意思是说：倚恃实力强大而使别人服从的，别人内心里并不服从，只是由于别人力量的不足，不得不暂时地屈服；依靠道德教化和仁政使别人服从的，别人会心悦诚服，就像孔子的七十二位弟子拥戴孔子一样。在孟子看来，王道的作用是长久的、内在的，霸道的作用是暂时的、外在的。王道能获得民心，使人心悦诚服；霸道以武力服人，别人不得不暂时屈服。

　　孟子强调以德服人，指出了以力服人的不足，提醒人们在生活中要注重以德服人，从而达到心悦诚服的效果。以德服人的优越性在于，它能够深入人心，让人们在内心深处产生改变和进步。例如，孔子、甘地、耶稣等伟大的人物，都不是通过权力和武力来影响人们的，而是通过自己的品德和人格魅力来感化他人，让人们心悦诚服地接受他们的思想。此外，以德服人还能够培养人们的品德和道德观念，让人们在行为上表现出高尚的品质。这种做法能够让人们产生自我认同和自我价值感，从而在行为上更加符合道德规范。

　　古往今来的大智慧者都能以德服人。孟子的王霸之辨对后世产生了重要影响。汉代统治者把王、霸当作巩固统治的两手策略。宋代的儒学将王、霸纳入理学体系，从而使王霸之辨在中国历史上延续了一千多年。

但凡能取得大成就的人，都懂得"未曾做事，先要做人"的道理。而做人要做的第一件事就是立德。治国安民要有一身正气，奉公尽职应无半点私心，与人交际要做到以心交心，待人接物务必至诚至真。这样才能民心所向，让人心悦诚服。那些只会以暴力作恶者虽能逞凶一时，但不能长存于世间，终为世人所唾弃，注定会被历史所淘汰。那些真正能够以德服人的人不仅能够服自己周围的人，更能服天下之人，服古今之人，也才能真正名垂青史。

古代圣人说："人生有三不朽，叫作立德、立功、立言。"在这三条中，立功取决于机会，立言要有合适的环境，只有立德没有局限性，更不用说大小区分。人人都可以做到，这是可行的。要想不失去自己的为人之道，要想成为一个真正的人，只有在人的本质上下工夫才能做到。

品德之所以是驭人服众最有效的手段和方法，更表现在它不管面对什么人都能很快见效。俗话说：遇到欺诈之人，用诚心感动他；遇到暴力之人，用和气感染他；遇到自私邪恶的人，用名义气节刺激他。意思就是说，遇到狡猾欺诈的人，要用赤诚之心来感动他；遇到性情狂暴的人，要用温和的态度来感化他；遇到行为不正、自私自利的人，要用大义气节来激励他。这都是以德服人的典范。

当然，以德服人不管到什么时候都应该以"与人为善"为最基本的原则。"与人为善"就要用真心、诚心、爱心善待我们周围的每一个人。"与人为善"就要做到"勿以恶小而为之，勿以善小而不为"。小恶虽小不以为然，酿成大恶就悔之晚矣，所以不能因其小而为之。相反，小善也是善，积小成大，积少成多，小善就会变大善，所以虽小善也要为之。此外，对他人的行为可以宽容对待，从情感教育的角度，从真诚的角度，促使他们自觉地改变小恶，提升自己的形象，这也是一种善待他人的美德。

世界上有成千上万的人在变化，每个人都面临着生活和社会的问题。所谓以不变应万变，就是要在面对大千世界的时候，始终抱定以诚待人、以德服人的态度来适应人们个性的不同；就是对冥顽不化的人，也要以诚相待使他受到感化。

荀子：礼者，法之大分，类之纲纪也

荀子

谈到儒家，必言孔孟，而梁启超对荀子评价极高。梁启超说："汉代经师，不问为今文家、古文家，皆出荀卿。二千年间，宗派屡变，壹皆盘旋荀学肘下。"

荀子是战国后期的最后一位大儒。战国时期，荀子影响大于孟子。孟子叙述唐尧、虞舜及夏、商、周三代的德政，在战国大争之世不被认可，甚至司马迁都说他"迂远而阔于事情"。相比之下，荀子三次担任齐国稷下学宫的祭酒，两度出任楚兰陵令，议兵于赵。

荀子重视社会秩序，反对神秘主义，注重人为努力。孔子的中心思想为"仁"，孟子的中心思想为"义"，荀子继二人之后标举"礼""法"。不同于《论语》在孔子身故不久即由直属弟子结集成篇，也不同于孟子在生前和弟子合力作《孟子》七篇，《荀子》要一直等到西汉末年才由刘向整理成书。

荀子是封建礼制的理论奠基者。如果说孔子用"礼"来规范人们行为，保障封建等级秩序，那么，荀子把"礼"的功用进一步扩大化，将"礼"视为治国理政的重要手段。荀子提出"礼""义""孝""诚"的教育。荀子对儒家思想进行改造，形成了以"礼"为核心内容的道德教育，为各诸侯国维护社会秩序及最后的国家统一提供了蓝图。

《荀子》中讲道："礼者，法之大分，类之纲纪也。"这里的"礼"，即"礼义"。自古以来，中国都十分注重礼。礼可谓是渗透社会生活的各个环节。荀子的"礼"不仅指道德规范，还有规则制度的意蕴。荀子继承了孔子"礼"的思想并进行外在拓展，赋予礼以规则制度的含义，类似于"法"，但不同于"法"。荀子说"礼"是法律的规范，条例的纲领。"礼"与"法"密不可分，但又相互区别。"礼"对于个人有修身功能，对于国家来说具有整治功能。

首先，"礼"是个人修身之根本。"人之欲"得不到满足，就会导致社会的纷争。"礼"可以调节物欲矛盾。生活在社会中的成员，每个人都有自己的欲望，如果不用"礼"来修身，必定导致个人的行为违反道德规范。显然，荀子把"礼"看作维系人与人之间关系的最基本的道德规范。

其次，"礼"是治国安民之基。荀子强调要用"礼"来进行社会成员之间的分工，使社会成员之间有贵贱、长幼的等级差别。对于整个国家来说，"礼"的作用非常突出。荀子将"礼"对于国家的作用，比喻成衡之轻重、绳墨之曲直、规矩之方圆，指出"礼"对于治国安民的重要性。国无"礼"，会出现"人无礼则不生，事无礼则不成，国无礼则不宁"。

《荀子》中讲："穷者患也，争者祸也。救患除祸，则莫若明分使群矣。"陷于贫穷困境是一种祸患，发生争夺是一种灾难。要消除祸患免除灾难，就没有比明确各人的名分、使人们结合成社会群体更好的办法了。"明分使群"是荀子的社会观，指明确人们之间贵贱贫富和男女长幼的区分，使人们组成社会群体。

荀子认为："人生而有欲。"人们的欲求相同，但欲多而物寡，因此社会的物资不能满足人的欲求。如果人们之间没有尊卑贵贱的分别，就必然发生争夺，导致混乱。解决这一矛盾的办法，就是"明分"，通过制定礼义，给人们规定出一定的"度量分界"，以调节人们的欲求，做到贵贱有等，长幼有差，使人们各得其所，组成群体。

在荀子看来，人类是以群体性方式生存与生活的，之所以能组成一个群体是因为"分"，即分工、等级分别，有了分，界、权、责、利都变得明晰了。也就是说，人与人之间相互联系、相互依赖，根据人的能力、需要组成不同的群体才能使人过着一种有序而不争的生活，才能"救患除祸"，人类才能得以生存和发展。明分使群就是荀子希望人们能够明确自己的分工，并且人与人之间相互依赖。而要维持"分"靠的是"义"与"礼"。

《荀子》中讲："辨莫大于分，分莫大于礼，礼莫大于圣王。"辨别事物没有比名分重要的，名分没有比礼义重要的，礼义没有比学习圣王更重要的。在荀子看来，人的本质在于认同并遵守圣王制定的礼制名分。荀子剔除人的自然属性，从社会属性上认识人的本质，肯定了礼制规范对人的本质的塑造。

在荀子看来，"礼"是"法之大分，类之纲纪"，同时也是"正身"的重要尺度。"礼"是法的总纲目，不仅承担着治理国家的制度规范作用，还是约束帝王的尺度，是人们修身的重要准则。既然"礼"的社会地位如此重要，为何"圣王"会在"礼"之上呢？这是因为，"圣人"克服人性中"恶"的一面，通过后天的人为学习而成就"圣王"。

可见，荀子是肯定周代的礼义制度，而这个制度的基础是圣王之道。圣王的基础是德性。所以，并非守着古圣王留下礼制的痕迹，就知圣王之道，而是要知圣王之人和他的德性。

荀子身处"礼崩乐坏"的时代，在孔子礼学思想的基础上，构建了富于现实关怀的礼学思想体系。荀子的礼学思想，既能够从时代要求出发为国家进行政治安排，又能够在礼乐传统文化中保持儒学价值。荀子的礼学思想把礼学发展成礼义制度和规范，创造性地建构了一个礼学体系，从而为儒家礼学思想在国家治理方面找到了切实的途径。

荀子道德教育思想不论是对个人修身，还是对国家治理，都有极大的借鉴意义。当前，应该充分挖掘荀子道德教育内容，为充实和完善当代公民道德教育提供丰富的文化资源。荀子道德教育内容对当代树立"以礼为本，隆礼重法""先义后利、义利兼顾""从义从道、通权达变""诚实守信，诚信至上"的道德教育意识，具有重要价值。

韩非子：不因小利而失大节

韩非，又称韩非子，战国末期韩国人，中国古代思想家、哲学家和散文家，法家学派代表人物。韩非思想主要保留在《韩非子》。

韩非

《韩非子》记载了一则故事。"公仪休相鲁而嗜鱼，一国尽争买鱼而献之，公仪子不受。其弟谏曰：'夫子嗜鱼而不受者，何也？'对曰：'夫唯嗜鱼，故不受也。夫即受鱼，必有下人之色；有下人之色，将枉于法；枉于法，则免于相。虽嗜鱼，此不必致我鱼，我又不能自给鱼。即无受鱼而不免于相，虽嗜鱼，我能长自给鱼。'此明夫恃人不如自恃也，明于人之为己者不如己之自为也。"

故事中的公仪休是春秋时期鲁国的一位博士，由于德才兼备当上了鲁国宰相。他是守法循理的好官吏，而且从不吹嘘自己的功劳和才能。公仪休非常喜欢吃鱼，他当了宰相后，有一些别有用心的人就常常买来珍稀的鱼类献给他，但公仪休每次都拒绝了送鱼的人。

有一天，公仪休的弟子子明前来拜访，发现老师不在房间，就自己坐下来读书。不一会儿，公仪休进了房间问："子明啊，你来了好半天了吧？"子明起身回答："是啊！老师您是不是在吃饭啊？"公仪休说："嗯，我刚刚吃过饭，鲤鱼的味道真是无比鲜美啊！我好久没有吃新鲜的鲤鱼了，今天买来一条，我居然全都吃光了！"

子明微笑着说："哦，老师这么爱吃新鲜的鲤鱼啊。新鲜的鲤鱼味道确实很不错。"公仪休呵呵一笑："只要每天都能吃上新鲜的鲤鱼，我就心满意足啦！"师徒二人正说着话，一个管家模样的人提着两条新鲜的鲤鱼进了门，他施礼后说："先生，我家主人让我送给您两条鱼，给您补补身子。"

公仪休推辞说："太感谢你家主人的盛情了，可是这鱼我不能收啊。你不知道，我现在闻到鲤鱼的腥味就要呕吐，请转告你家主人，不要再给我送鱼了！"那位管家离去后，子明很不理解，就说："先生你明明爱吃鱼，为啥你还把别人送的鱼退回去呢？"

公仪休回答说："正因为我喜欢吃鱼，我才不能随便收人家送的鱼啊。如果我收下了人家送的鱼，就要替人家办事，就会徇私舞弊。等到罪行败露，就会被罢免相国之职，失去俸禄。到那个时候，即使我非常喜欢吃鱼，我也不能常常有鱼吃了。现在我不接受人家送来的鱼，廉洁自律，就不会被罢免掉相国一职。我依靠自己的俸禄，就可以长久地自己买鱼吃了。"

公仪休不违法而拒收鱼的故事，表达了韩非的法学思想。韩非是法家思想之集大成者，集商鞅的"法"、申不害的"术"和慎到的"势"于一身，将辩证法、朴素唯物主义与法融为一体，为后世留下了大量言论及著作。

公元前280年，韩非出生在韩国的一个贵族之家。这种出身可以说骨子里流淌着王孙公子之血，容易有身份优越感。相传，他五岁的时候就开始读家藏的商、管之书和孙、吴之书，也读各类杂书。商鞅、管仲属于法家之书，孙武、吴起属于兵家之书。少儿时期的韩非就开始读法家的书和兵家的书，这是非常奇怪的一件事。因为，一个少年儿童最需要掌握的应该是生活常识，如何待人接物等，也就是说读书应该从仁学、礼学开始。韩非出生在大贵族家庭，礼仪秩序那更是非常重要的。而韩非在十岁之前就开始学习管理、打打杀杀，这就像一个现代孩子，被告知他可以拯救世界，令他产生了无限的傲慢和邪恶的想象。

韩非二十七岁左右，遇到了一位贵人，就是荀子。当时荀子离开齐国，辞掉稷下学宫的职位后，来到楚国。楚国公子春申君任命其为兰陵令，继续收徒教学。韩非投奔荀子门下，"学帝王之术"，同学者有李斯等人。

当时的韩国内忧外患。少年韩非很快就知道韩国的处境。据说目睹韩国日趋衰弱，身为韩国公子的他忧心忡忡，曾多次向韩王进谏，希望韩王励精图治，变法图强。但韩王思想保守，昏庸无为，对韩非的进谏置若罔闻，始终都未采纳。这令韩非非常悲愤和失望。韩王不接受他的建议，可能与韩非的口语表达能力有关。韩非可能说了半天，但话都在舌头转圈，说不到点子上。因此，韩非被周围的人轻视，甚至被视为迂腐、书呆子、怪物。

韩非的学问比李斯大得多，因说话口吃，不善辩说，但善于著述。韩非将自己的学说追本溯源于道家黄老之术，他对孔子、《道德经》很有研究，先后写出《孤愤》《五蠹》《内外储》等著作。

他的书传到秦国后，秦王非常赞赏韩非的才华。不久，因秦国攻韩，韩王不得不起用韩非，并派他出使秦国。文采斐然的韩非为秦王嬴政所赏识而倍受重用。李斯提出灭六国一统天下的通天大计，而首要目标就是韩国，但作为韩国公子的韩非与李斯政见相左（韩非主张存韩灭赵），妨碍秦国统一大计，于是李斯就向秦王讲韩非的坏话。他说："韩非是韩王的同族，若大王要消灭各国，韩非就爱韩不爱秦，这是人之常情。若大王决定不用韩非，把他放走，对我们不利，不如把他杀掉。"秦王轻信李斯的话，把韩非抓起来。廷尉将其投入监狱，最后逼其服毒自杀。

韩非虽死，但是秦国统一全国的政策就是依照韩非的理论制定的。韩非死后十二年内，秦国统一六国。即使秦朝灭亡，韩非的学说也一直是古代统治阶级治国的思想基础。

道德风尚篇

爱民：张养浩的为官本色

在山东省济南市天桥区柳云社区有一座坟茔，人们习惯称之为张公坟。这里安葬着一代文豪、一代名臣张养浩。张养浩，字希孟，公元1270年生于山东济南。张养浩十九岁以才学出众被推荐为东平学正，经长期磨炼后，出任地方县令，大刀阔斧破除民间迷信，引领社会风尚，整肃社会治安，赢得群众"立碑颂德"。元代朝廷考其一生功德，追封为滨国公，谥文忠。

张养浩

张养浩一生始终廉洁奉公、勤政爱民，并形成了一系列为政观点。张养浩把自己不同从政时期的从政心得、从政经验进行归纳总结，分别写下了《牧民忠告》《风宪忠告》《庙堂忠告》，即《三事忠告》。

《牧民忠告》一书的写作对象是地方官，全面论述了牧民官日常工作所要注意的方方面面，而不仅仅局限在朝廷考核的"户口增""田野辟""词讼简""盗贼息""赋役均"等五事。《风宪忠告》一书的写作对象是御史台等监察官员，就台官自律、整顿亲信、台谏合一、注重询访和明慎用刑的监察原则分别加以论述，认为台官要做到忠于职守就要将个人置之度外。《庙堂忠告》一书的写作对象是"居庙堂之高"的显贵，就修身全节、识贤用贤、重民保民、远虑应变和为相之道五个方面分别加以论述。这三本书全面展现了张养浩的为官思想。这些"切实近理"的忠告，不仅体现了他清正廉洁、勤政爱民、执法为公的思想和心系天下的情怀，也给我们留下了一笔宝贵的廉洁文化遗产，堪称为官从政者的"官箴"。

张养浩首先是一位兢兢业业、爱国爱民的出色官员。作为一名御史台官员，张养浩直言善谏。他曾大胆指责大臣代祀南郊一事，反对中书省臣举荐御史台大臣人选、妄图削弱台谏功能一事，作"万言疏"直言朝政十大弊端，桩桩件件违背丞相之意，以至被陷害罢官，不得不更名改姓，远离朝堂。作为一名地方官员，张养浩勤政爱民，鞠躬尽瘁。任堂邑县尹期间，他释放因偷盗祭祀食物而被捕者，以"为饥寒所迫"为由，给这些盗贼洗心革面的机会。众盗感泣，相互告诫："不可辜负张公。"他还将当地作伥已久的暴民绳之以法，大快人心。在他卸任十年之后，当地百姓依旧感念其德政，为之立碑纪念。文宗天历二年，关中大旱，年迈的张养浩出任陕西行台中丞，散家财救济灾民。在任期间，赈饥者、葬逝者。到官四月，未曾归家，白天出外赈济灾民，晚上住在公署，多次伏地求雨，"泣拜不能起"，终因操劳过度而殉职。

张养浩不仅是一位忠于职守的官员，也是一位文学家。张养浩的文学作品流传至今。文采灼灼的他曾写下诗、赋、文、乐府共九百余首，收于《归田类稿》中。在众多文学体裁中，张养浩的散曲造诣格外突出。一方面他将诗词引入散曲，促进了元代散曲的雅化进程；另一方面他拓展了散曲的主题，不再把散曲当作休闲娱乐的工具，而是将其作为揭露官场黑暗与民间疾苦的媒介。可以说，这与诗圣杜甫在诗歌上的文学旨趣有着异曲同工之妙。

张养浩的散曲作品有二十七种、共一百二十六首，均收录在合集《云庄休闲自适小乐府》，多是归隐后寄傲林泉时所作。从主题上看，张养浩的散曲很大一部分是对腐败官场的鄙夷，表现了他廉洁奉公、勤政爱民的从政思想。

张养浩在《〔中吕〕朱履曲》中写："那的是为官荣贵，止不过多吃些筵席，更不呵安插些旧相知，家庭中添些盖作，囊箧里攒些东西。教好人每看做甚的？"在久经官场的张养浩看来，"为官荣贵"仅仅表现在物质的丰足、人情的便宜，但这些所谓的"名利"是"好人们"所不齿的。

在《〔双调〕沽美酒兼太平令》中写道："在官时只说闲，得闲也又思官，直到教人做样看，从前的试观，那一个不遇灾难。楚大夫行吟泽畔，伍将军血污衣冠，乌江岸消磨了好汉，咸阳市干休了丞相，这几个百般，要安，不安，怎如俺五柳庄逍遥散诞。"透过此曲，我们不难看出张养浩为官的矛盾心态：一方面希望建功立业，实现自己的人生价值；另一方面又感叹官场生态的诡谲，甚至还担忧一朝不慎输了身家性命。楚大夫屈原、伍将军伍子胥、乌江岸的好汉项羽、咸阳市的丞相李斯，这几人的事迹实在让人唏嘘不已。张养浩仿佛看透了官场间名利的角逐，毅然拂袖而去，逍遥于山野。

在《〔双调〕胡十八》中写："人笑余，类狂夫，我道渠，似囚拘，为些儿名利损了身躯。不是他乐处，好教我叹吁。唤蛾眉酒再斟，把春光且邀住。"在此曲中，张养浩将腐败的官场比喻为囚牢，对沉醉其中只知追名逐利的人们进行了嘲讽，并表示无论他人如何看待，自己都更愿意把酒问春光，而不是梦葬名利场。透过此曲，张养浩的洒脱气质可见一斑。

张养浩一心记挂着苍生黎民。文宗天历二年，关中大旱。他出任陕西行台中丞，散尽家财紧急救灾。在此期间，年迈的张养浩目睹了太多的家破人亡，城池内外满目疮痍。在他的众多曲作中，有一首《〔南吕〕一枝花·咏喜雨》，将官员祈雨不得的焦灼不安与久旱逢霖的欣喜情绪展现得淋漓尽致，或许就是当时所作：

> 用尽我为民为国心，祈下些值玉值金雨。数年空盼望，一旦遂沾濡，唤省焦枯。喜万象春如故，恨流民尚在途。

留不住都弃业抛家，当不的也离乡背土。

【梁州】恨不的把野草翻腾做菽粟，澄河沙都变化做金珠，直使千门万户家豪富，我也不枉了受天禄。眼觑着灾伤教我没是处，只落的雪满头颅。

【尾声】青天多谢相扶助，赤子从今罢叹吁。只愿的三日霖霪不停住，便下当街上似五湖，都淹了九衢，犹自洗不尽从前受过的苦。

关中大旱，张养浩不顾年迈体弱，毅然奔赴前线，扛起救灾大任。张养浩在接到朝廷对于自己的调令的时候，知道要去旱灾地区，他立即将自己家中的财物分给了周边贫困的家庭，身无负累地前往陕西去抗旱。沿途他只要碰到有灾民便会进行救济，后来还途经华山的西岳庙直接跪拜不起，祈求上苍赐水，解救百姓。或许是诚心感动上天，在他求雨后不久，天降甘霖。但是张养浩深知，祈求苍天降下甘霖只能解一时之困，只有从根本上解决问题，才能解救百姓于水火。

张养浩白天要外出救济灾民，同时还要处理这期间发生的各种事务。例如，当时因为灾荒，只要百姓的钞票出现一点污损，米商就会因此不卖给百姓大米，造成了米价越来越高，百姓也无米可食。张养浩检查府库中那些没有污损的钞票与百姓兑换，同时还监察米商，不得随意因钱币问题不售卖大米给百姓，同时他还向朝廷请求实行纳粮补官，最终张养浩因为积劳成疾，病死任上。

诚信：杨瞻"花盆埋金"

古代，"诚"和"信"本来是两个意义相近的词，常常用来互相训释。但细释古书可以知道，"诚"和"信"二字，意义并不完全相同。"诚"的本义是真实、真切，引申为人的道德情感和社会行为时则有诚实、真挚等含义。"信"的本义是求真、守诚，引申为人的道德情感和社会行为时则有追求真理、信守承诺等含义。"诚"与"信"一结合，就形成了一个内外兼备、具有丰富内涵的词汇，其基本含义是诚实无欺、讲求信用。

古人历来重视道德修养，把诚信作为人修养道德最基本的内容。古往今来，凡是品德高尚的人，都是诚实守信的。只有诚信的人，才能心智清明，择善而从。而诚信一旦缺失，就失去立身之本，还会影响一个民族的生存和发展。一言足以兴邦，一诺岂止千金。

《潜夫论》中讲道："忠信谨慎，此德义之基也。虚无谲诡，此乱道之根也。"忠诚诚信、谨言慎行，这是道德信义的基础；弄虚作假、荒诞怪异，这是导致祸乱的源头。诚信是最基本的道德品质之一。此句告诫人们要诚信待人，不可以弄虚作假。

历史上，杨瞻"花盆埋金"是一个有名的诚信故事。这说的是明朝做过兵部尚书、太子太师杨博的父亲杨瞻的故事。杨瞻年轻时候在淮扬一带经商，结识了许多做生意的朋友。有一次，一位来自关中的盐商朋友来找杨瞻。两人聊了一会儿家常之后，盐商就偷偷对杨瞻说："我现在手里有一千金，但我要急着出远门，把钱放在家里不安全，我想请你帮我保管一下。"

对于朋友求助，杨瞻立刻答应说："没问题，您放心，我一定会好好保管的。"盐商走后，杨瞻想来想去，把这一千金放在自己家里，也不是很安全，于是他想把它埋到地下去。但是他经常听说有人将金银之类的埋在地下，金银之类的竟然自己会跑掉。为了慎重起见，他就把这一千金埋在了一个大花盆的底下，还在上面种了一棵大树。这样这一千金就不怕不翼而飞了。

过了几年，那位盐商再也没有来找过杨瞻。杨瞻心里记着朋友的嘱托，一直想把一千金还给他。于是他找到了盐商的关中老家，但是得知了一个噩耗：盐商朋友已经在一年前去世了，去世后只留下了一个儿子。也就是说现在没有人知道，盐商曾经将一千金托付在自己这里。如果杨瞻要独吞的话，根本就没有人知道。并且当时杨瞻经济上也不宽裕，正需要钱。

要说杨瞻对这一千金一点都不动心，那是不可能的。杨瞻起初也动了要独吞这一千金的心思。但他转念一想，自己做了这种事情，心中总是不安的。打定主意之后，他把盐商的儿子请到了扬州，并请他来自己家做客。吃完饭，杨瞻指着院子里一个大花盆说："这里面有一千金，是你父亲当初寄托在我这里的，现在我要物归原主了。"

盐商的儿子很惊讶。他不知道杨瞻葫芦里要卖啥药，也不相信杨瞻说的话。杨瞻见盐商儿子不相信，于是把事情的前因后果，原原本本说了一遍，并且告诉盐商的儿子："这原本就是你的钱财，你有什么可担心的？"盐商的儿子非常感动。

天报厚德，后来，杨瞻高中正德乙卯十四年的举人，官授河南扶沟知县，后来任陕西扶风县知县，再升为贵州道监察御史，改大理寺评事。儿子杨博高中嘉靖八年进士，任兵部武库主事，到致仕前，为少师兼太子太师。杨博的儿子杨俊民，也中了进士，官至户部尚书。杨瞻受人之托，自始至终忠人之事，虽然寄托人发生变故，不来取回，但是杨瞻千里迢迢，寻访其人，并将财物交还遗孤。

生活在当代社会中，每个人都希望在工作中体现出自己的个人价值，这就需要别人的配合和信任。没有别人的合作，一个人很难进行正常的生活、工作；而没有别人的信任，就无法进行有效的合作，更谈不上卓越的成就了。在与他人相处中，如果缺乏诚信，就会有损自己的形象，在人生道路上，也很难行走。只有凭借诚信正直，才能拥有发展的机会，才能获得永久的成功。一个人要获得别人的信任，其前提是自己要诚实守信。

有诚信的精神，才有了"心底无私天地宽"的坦然；有诚信的精神，才有了"受人之托忠人之事"的动人篇章；有诚信的精神，才有了"一言既出，驷马难追"的掷地有声。以心相交，以诚相待。君子之交，亦是如此。人无信不立。诚实和守信不仅是中华民族的传统美德，更是每个人的立身之本。在我们漫长的人生路上，为我们人生增加高度的是诚信。拥有诚信之人，必然拥有高贵的心灵。

千百年来，诚信被中华民族视为自身的行为规范和道德修养，形成了独具特色并具有丰富内涵的诚信观。这样的诚信观在坚持社会主义核心价值体系中具有极其重要的道德作用。孔子曰："人而无信，不知其可也。"当代社会的"信"与"用"，更是不可分割的整体。我们只有让"信"为我所"用"，才能让我们朝着更规矩、更便利、更公平的社会不断前进。

道义：屈原舍生取义

孟子有言："生，我所欲也；义，亦我所欲也。二者不可得兼，舍生而取义者也。"所谓舍生取义，是指把道义作为人生的最高价值。这一思想观念成为历朝历代文人志士所标榜和推崇的，并以身践行。

战国时期，楚国大诗人、政治家屈原博闻强识，志向远大，提倡"美政"，主张对内举贤任能、修明法度，后因遭贵族排挤诽谤，被先后流放至汉北和沅湘流域。公元前278年楚国郢都被秦军攻破后，他自沉于汨罗江，以身殉楚国。屈原宁愿轰轰烈烈地死，也不卑躬屈膝地活。这就是舍生取义的典范。

屈原

屈原是贵族出身，楚武王熊通之子屈瑕的后代。他从小接受了良好的教育，二十多岁的时候就有丰富的知识，善于作诗写文章，口才也好，年纪轻轻便得到楚王重用，做了楚国的左徒，经常同楚怀王一起研究政事、拟定法令、接待各国的使臣，深得楚怀王的信任。

屈原所在的年代正是战国中后期。兼并战争越来越激烈。战国七雄中属秦国最为强大。楚、齐两国本也是大国，但无法单独与秦国抗衡。楚国疆域最广、军队最多，可惜政治腐败。眼看楚国一天天走向衰落，屈原便着急了。他主张在国内积极改革政治，削弱奴隶主贵族的特权，减轻人民的负担，举贤任能，变法图强。对外，他主张联合齐、魏、赵等国共同抗秦。

这本是利国利民之策，可惜人红遭人妒。屈原本就不愿意与其他官员周旋，无意中得罪了很多人，尤其是大奸臣靳尚。传说有一次楚怀王让屈原起草一份法令。屈原刚写完草稿，上官大夫靳尚来了，就要抢去看。屈原把稿件收起来，冷冷地说："这是个草稿，还没定下来呢，谁也不能看。"这靳尚本就是个小人，他讨了个没趣，心里便愤愤不平，于是跑到楚怀王面前告屈原的状。他说屈原骂楚怀王昏庸残暴，目光短浅。他还说屈原认为大臣个个贪婪自私、愚蠢无能，因此楚国若是离开了他，便只能日渐衰落了。

楚怀王听了谗言，本就很不爽，偏偏屈原又喜欢直言劝谏，楚怀王就更加厌烦了屈原，便开始有意疏远屈原，并贬了屈原的官职。随后的几十年里，屈原再也没能得到楚怀王的重用。

齐、韩、魏三国联盟攻打楚国。楚国无奈只得将太子横派到秦国做人质，向秦国求援。秦国出兵后，齐、韩、魏三国便退了兵。但是太子横在秦国屡遭欺侮。终于有一天，太子横忍无可忍，杀死与他起冲突的秦国官员后，逃回了楚国。秦国以此为借口联合齐、韩、魏三国大举攻楚，次年再次单独伐楚。楚怀王无奈，只得向齐国求援。

秦国识破了楚怀王的计谋，怕他再和齐国等形成联盟，便采取了又打又拉的政策：一方面继续进攻，另一方面却邀约楚怀王到秦国的咸阳进行和谈。屈原得知此事后硬闯朝堂，劝楚怀王不可前去。可惜楚怀王并没有听屈原劝谏，上了秦国的当，被秦国囚禁至死。楚怀王死后，他的儿子顷襄王继位。这位顷襄王的昏庸更胜于楚怀王，竟然在听信谗言后将屈原流放到长江以南的楚国边疆。

屈原在流放期间因精神和生活的折磨，形容枯槁，行动迟缓，但是依然不忘爱国。一边同群众同欢乐、共患难，一边写诗作，希望有朝一日顷襄王能醒悟过来，救国家于危难，无奈等来的却是楚国已到朝不保夕的境地。眼看国破家亡，屈原不愿看到楚国沦亡、人民陷于水深火热，加上满腔的意难平，在公元前278年五月初五，投进汨罗江自杀了。这一年他六十二岁。

当地老百姓听到这一噩耗，都很悲痛，争先恐后地打捞屈原尸体，却都无功而返。有人便用苇叶包了糯米饭投进江中，祭祀屈原。还有人怕江里的蛟龙抢吃这种食物，又在苇叶外系上彩线。这种食物便是今天的粽子了。

屈原一生，才能得不到施展，政治上的抱负得不到实现。他把满腔爱国热忱倾泻到诗句中去，写出了有名的《离骚》。《离骚》是屈原以自己的理想、遭遇、痛苦、热情以至整个生命所熔铸的宏伟诗篇，其中闪耀着鲜明的个性光辉，是屈原全部创作的重点。

"亦余心之所善兮，虽九死其犹未悔。"这是屈原在《离骚》中的一声呐喊，表现了屈原对美好理想执着追求的精神，以及对自己追求理想、不畏艰险、坚持到底的信念和决心。

《离骚》中，屈原勇于同黑暗腐朽势力作斗争。屈原清楚地知道，楚国的不幸命运及自己的不幸遭遇正是楚国朝廷那群小人造成的，对之极为愤恨，因而不遗余力地反复加以揭露和抨击，斥责他们"好蔽美而称恶"、竞进贪婪、嫉妒成性、朋比为奸、随波逐流、黑白颠倒。屈原还揭露了楚君的过失，说他反复无常，荒唐糊涂，宠信奸臣，疏远忠良，善恶不辨，致使自己的"美政"理想落了空。这些都显示了屈原同黑暗势力勇敢斗争的精神。

屈原也是在追求光明和真理，表现出坚持正义的刚毅不屈的伟大精神。屈原坚信真理和正义的存在，虽然"路漫漫其修远兮"，但他始终是"上下而求索"。他非常清楚地知道，他的高洁的品格，他的崇高理想，都"不同于今之人"，因而招致"谣诼"诽谤，遭受种种迫害打击。在这种情况下，连他亲近的人都劝其随俗浮沉，不要"博謇好修"。可是，屈原却在诗中反复申明他决不能随波逐流的态度，在打击和迫害面前决不动摇，岿然如山，坚强不屈。屈原这种对光明和真理的追求与热爱的精神，正是他此生奋斗的力量源泉。这种精神对于今天的我们而言，也同样具有重要的意义和启示。

家和：吴孙劝夫的持家智慧

常言道"家和万事兴"。家和则家庭兴、家族兴、家国兴、万事兴。家，不仅是一种情感牵挂，更是一个人安身立命、修身立德的起点。家和万事兴体现了中华优秀传统文化中的和谐融合关系，表达了人们对和谐美满生活的向往。

明朝的时候，有一个读书人叫吴子恬。他的夫人姓孙，是一位贤妻良母，道德品质非常高尚。

吴子恬的母亲不幸过早离世，他的父亲又续了弦，给他生了一个弟弟。然而这位继母很偏心，只对亲生儿子好，经常虐待吴子恬。吴子恬心里慢慢有了怨气。后

吴孙劝夫

来他娶了妻子孙氏。继母对吴孙氏也不好。吴子恬总想去找继母理论，都是善良的吴孙氏把他劝下来，拦着不让他去。

他的老父亲去世后，留下了许多田地和银两。继母故意多吃多占，不仅把田产分三份后把最差的一份田分给他，还私自瞒下了千两银子。吴子恬真的受不了了，非要去找继母评理，又被吴孙氏坚决地拦了下来。吴孙氏劝吴子恬说："第一，分家已非吉兆，还要去争吵，这不是让人笑话吗？自古以来以德报怨乃君子所为，何况是同在一家？第二，以前你给我讲闵子谦的故事。母在一子寒，母去三子单。第三，现在天下灾民多，不能吃到饭的人连粥水都喝不上，到处都有。我们现在有点荒田已经很满足了。"

吴孙氏深明大义，不让吴子恬和继母弟弟计较这些事情，还要他依然对继母和弟弟好。后来，吴子恬继母生的儿子不幸染上赌博的恶习，不到十年，把所有田产都卖光了，连老娘的养老田也统统卖干净还了赌债。母子几乎沦为乞丐，日子也过不下去了。

听到这个消息，仁慈宽厚的吴孙氏就规劝丈夫：本是一家人，不能眼看着继母和弟弟挨饿受冻，应该赶紧去把母亲、弟弟接回来奉养！吴子恬被妻子的高尚品质打动了，于是把继母和弟弟接回来一起吃年夜饭，还帮助弟弟戒了赌。哥嫂的行为彻底感动了弟弟，也感动了继母。继母悔恨交加，从此视他为己出，而弟弟也变成了一位品行善良的人。

从此，这个家又成为一个和和睦睦的大家庭。吴孙氏生了三个儿子，从小受到母亲良好的家庭教育，长大以后都非常有出息，全部考上了进士，无一例外地光宗耀祖，成为有用之才。这可谓是"家和万事兴"。

《朱子家训》中讲道："家门和顺，虽饔飧不继，亦有余欢。"意思是，家里和气平安，虽缺衣少食，也觉得快乐。一个家最上等的风水，是和谐的氛围。一个家庭最重要的不是家财万贯，而是温暖和睦。就算大富大贵，若家人钩心斗角、互相算计、形同路人，则千金也会散尽。一家人只要生活得和和睦睦，开开心心，即使上顿不接下顿，也会有家庭的欢乐，有天伦之乐。

所谓"家门和顺"，只是人品多一些忠厚，互相多讲一分恩德、多讲一分礼敬；肚肠放宽一些，多一些忍耐、多一些谦让，则和顺并不难得到。家庭和谐，诸事顺利。气场平和，其乐融融。互亲互敬，正气十足。工作卖力，乐于奉献。

家是温馨的港湾。美好的家庭，都是家风纯正，子女孝顺懂事。每个人都有责任让这个家充满温暖，让人可以完全地依靠，而不是在家人寻求帮助、安慰和鼓励的时候去给家人泼冷水。"良言一句三冬暖，恶语伤人六月寒"，每一次语言上的伤害，都会让对方产生很多负面情绪。当失望、伤心、疲惫积累得多了，这个家可能也就散了。

每个人都会有碰壁灰心失落的时候，这个时候最需要家人的理解和鼓励。家就好像是我们的加油站。回家的时候也许我们灰心沮丧，但从家里出去的时候会再一次信心满满，感觉充满了干劲去面对各种大大小小的难题。想要家庭越来越好，就需要保持紧密团结。对我们最亲近的人一定不要竖起尖刺，不要故意去刺痛那些爱我们且我们也爱的人。这是非常愚蠢的。有了家人理解和鼓励，也许日子暂时过得不如意，但是以后会慢慢好起来的。

　　家庭不仅是婚姻关系、血缘关系的呈现，也是道德践履的平台、品德养成的起点。在古代，孝悌恭敬是伦理道德的重要范畴，立业兴家是人生奋斗的基本追求。今天的生活格局虽然发生巨变，但作为拔苗育穗的温室、幸福生活的港湾、安享晚年的依托，家庭的功能没有变化，"家和万事兴"的道理并未过时，家庭美德建设依然至关重要。作为社会生活的"练兵场"，从价值观到财富观，从文明习惯到是非判断，家庭生活在潜移默化中塑造着每个人的行为方式。亲子、夫妻、兄弟姐妹各自担起自己的家庭责任，一方容身之所才称得上温暖和睦的"家庭"。

　　有什么样的家风，就有什么样的家庭。家风中既有传统文化的延续传承，也有现代生活的生成聚合。家庭美德建设，不仅需注重发扬光大中华民族传统家庭美德，也要紧密结合培育和弘扬社会主义核心价值观。一方面传承中华孝道，养成孝敬父母、尊敬长辈的良好品质；另一方面倡导忠诚、责任、亲情、学习、公益的理念，让家庭成员相互影响、共同提高。涵养好家风，建设好家庭。

宽容：心胸开阔的人生才舒展

阴暗处长不出参天大树，人类也是一样。心胸必须如阳光般光明灿烂，才能到达成功的峰巅。宽容是阳光，阳光可以融化冰雪。宽容可以化解仇恨。法国十九世纪的文学大师维克多·雨果曾说过这样的一句话："世界上最宽阔的是海洋，比海洋宽阔的是天空，比天空更宽阔的是人的胸怀。"雨果的话虽然浪漫，却也不无现实的启示。

《水浒传》中，梁山上两任头领宋江跟王伦的表现就形成了鲜明的对比。王伦心胸狭隘，先后对上梁山的林冲、晁盖等人百般刁难，生怕自己的地位被动摇，怕有朝一日被取而代之。他机关算尽太聪明，越是他担心的，就越要出现，最终作茧自缚，连个囫囵尸首都没能留下。相比之下，宋江就有一颗大心，能盛得下喜怒哀乐。他结交天下英雄，对李逵等所犯的错误能够包容并纠正，让他们将功折罪，结果其乐融融。宋江不仅受到众位好汉的尊重，还让自己的地位日益巩固。

学会包容，将爱心升华、扩大，才能纾缓心中的不平，赞扬别人的优点，宽恕别人的缺点。并且，多宽恕别人，慢慢便会发现自己的优点。身体的勇敢，是动物的本能；精神的勇敢，才是更高超、更真实的勇气。宽容一点，你的人生才会舒展。

相传古代有位老禅师，一日晚在禅院里散步，突见墙角边有一把椅子，便知有位出家人违犯寺规翻墙出去了。老禅师也不声张，走到墙边，移开椅子，就地而蹲。过了一会，果真有一个小和尚翻墙过来，黑暗中踩着老禅师的脊背跳进了院子。他双脚着地时才发觉刚才踏的不是椅子，而是自己的师傅，小和尚顿时惊慌失措，张口结舌。但出乎小和尚意料的是，师傅并没有厉声责备他，只是以平静的语调说："夜深天凉，快去多穿一件衣服。"老禅师宽容了他的弟子。他知道，宽容是一种无声的教育。在日常生活中，当对手在你背后说坏话做错事时，当你亲密无间的朋友无意或有意做了令你伤心的事情时，宽容为上吧，这样于人于己都有好处。

适度的宽容，对于改善人际关系和身心健康都是有益的，它可以有效防止事态扩大，避免产生严重后果。大量事实证明，不会宽容别人，亦会殃及自身。过于苛求别人或苛求自己的人，必定处于紧张的心理状态，贻害身心健康。而一旦宽恕别人之后，心理上便会经过一次巨大的转变和净化过程，使人际关系出现新的转机，也使诸多忧虑烦闷得以避免或消除。

俗语说："宰相肚里好撑船。"宽容，意味着你不再心存疑虑，不再患得患失。宽容，首先包括对自己的宽容。只有对自己宽容的人，才有可能对别人也宽容。君子坦荡荡，小人长戚戚。狭隘是百物皆病之因。人的烦恼一半来源于自己，即所谓画地为牢，作茧自缚。尺有所短，寸有所长。争强好胜失去一定限度，往往受身外之物所累，失去做人的乐趣。只有承认自己某些方面不行，才能扬长避短。宽容地对待自己，就是心平气和地工作、生活。这种心境是充实自己的良好状态。人需要善待自己，需要原谅自己。不要给自己背太重的包袱，因为我们的出发点就是让自己快乐。

三国时，诸葛亮初出茅庐。刘备称之为"如鱼得水"，而关羽、张飞兄弟却不能释然。在曹兵突然来犯时，兄弟俩还对诸葛亮冷嘲热讽。而诸葛亮胸怀全局，毫不在意，仍然重用他们。随着新野一战大获全胜，关、张二人也对诸葛亮佩服得五体投地。如果诸葛亮当初跟他们一般见识，争论纠缠，势必造成将帅不和，人心分离，哪还会有以后的胜利和三足鼎立局面的形成呢？真正的宽容，应该是能容人之短，又能容人之长。对才能超过自己者，不要嫉妒，不要压制。"青出于蓝而胜于蓝"，这是趋势。认清这些，热心举贤，甘做人梯，将为世人称道。

宽容是一个人良好心理的外壳，它往往折射人处世的经验、待人的艺术和良好的涵养。宽容，对人对己都可成为一种无须投资便能获得的精神补品。学会宽容，对赢得友谊、保持家庭和睦、婚姻美满，乃至事业的成功都是必要的。因此，在日常生活中，无论对子女、对配偶、对老人、对学生、对领导、对同事、对顾客、对病人……要有一颗宽容的爱心。

宽容是快乐之本，是美好心性的代表，与乐观上进是分不开的。宽容朋友无意的误解，能使友谊之树常青不倒；宽容同事背后的中伤，能使同事之间团结谅解；宽容领导暂时的失察，能使上下之心协调一致；宽容下属无心的冒犯，能使下属之行自觉规范；宽容亲人一时的过失，能使幸福之花常开不败。如果人们不深刻理解宽容的含义，不理会宽容的价值，心胸狭隘，睚眦必报，言语刻薄，生性嫉妒，得理不饶人，得势不容人，就会如摸黑夜行，处处碰壁，时时摔跤，陷入无穷的烦恼。

宽容是美丽之源。有人说过："天空是宽容的，她容忍了雷电风暴一时的肆虐，才有了她的深邃之美；大海是宽容的，她容忍了惊涛骇浪一时的猖獗，才有了她的辽阔之美；森林是宽容的，她容忍了弱肉强食一时的规律，才有了她的原始之美；宇宙是宽容的，她容忍了星座裂变一时的更替，才有了她的神秘之美；时间是宽容的，她容忍了各色人等一时的虚掷，才有了她的延续之美……"但是，宽容是有限度的，宽容有时与惩治密不可分。惩治是另一种宽容。大堤如果容忍了蚁穴的扩展，将毁于一旦，从而失去他的伟岸，因此惩治蚁穴是对大堤的宽容；国家如果容忍了民族的分裂，将陷入混乱，从而失去她的完整，因此惩治分裂是对国家的宽容；法制如果容忍了罪犯的横行，将失信于民，从而失去他的威严，因此惩治罪犯是对法制的宽容；自然如果容忍了污染的侵蚀，将灾难重重，从而失去她的美丽，因此惩治污染是对自然的宽容。

　　宽容是修养、是品德、是内涵、是心态。它饶恕所有令自己能接受或不能接受的是是非非。在宽容面前，争吵和计较大可不必，即使你代表着真理和正义；在宽容面前，赌气、嫉妒都无地自容。如果执着过去的错误，就会形成思想包袱，限制了自己的视线，也限制了对方的发展。即使是背叛，也并非不可容忍。能够承受背叛的人才是最坚强的人，也将以他坚强的心志在氛围中占据主动，以其威严更能够给人以信心和动力，因而更能够防止或减少背叛。

　　宽容绝不是纵容，不是无原则的宽大无边，宽容也需要技巧。宽容是建立在自信、助人和有益于社会基础上的适度宽大，必须遵循法制和道德规范。对于绝大多数可以教育好的人，宜采取宽恕和约束相结合的方法；对那些蛮横无理和屡教不改的人，则不应手软。从这一意义上说，"大事讲原则，小事讲风格"乃是应取的态度。

　　有人说宽容是软弱的象征，其实不然。宽容是一种坚强，宽容是人生难得的佳境——需要经历磨砺才能释然的境界。宽容所体现出来的退让是有目的、有计划的，是将主动权掌握在自己的手中。无奈和迫不得已不能算宽容。处处宽容别人，绝不是软弱，绝不是面对现实的无可奈何。宽容是一种人生哲学。在短暂的生命历程中，学会宽容，意味着你的人生更加快乐。

　　对于宽容，美国前总统林肯曾做过很恰当的诠释。林肯对政敌素以宽容著称，后来终于引起一位议员的不满。议员说："你不应该试图和那些人交朋友，而应该消灭他们。"林肯微笑着回答："当他们变成我的朋友时，我难道不正是在消灭我的敌人吗？"一语中的。多一些宽容，人们的生命就会多一些空间、多一份爱心，人们的生活就会多一些温暖、多一份阳光。量小非君子，成为大气候的人物都要有非凡的肚量。斤斤计较，难以成就一番事业。

宽容是一种伟大。学会宽容，不要嫉妒，不要苛刻，不要求全责备。人人都能学会宽容，我们的生活将会变得更美好。《辞源》对宽容的解释是：宽容是包涵、原谅、不计较。正所谓海纳百川，有容乃大。宽容这个词所包容的真意和威力，是无穷无尽的。学会宽容，你就掌握了一种无尽的力量，使自己的一生受用无穷。

勤勉：郑板桥"人一己百"

郑板桥以诗书画三绝而闻名天下。《板桥自叙》中写："能自刻苦，自愤激，自竖立，不苟同俗，深自屈曲委蛇，由浅入深，由卑及高，由迩达远，以赴古人之奥区，以自畅其性情才力之所不尽。"从这段话我们可以看出郑板桥的勤奋力学。

郑板桥

《板桥家书》中写："读书以过目成诵为能，最是不济事。眼中了了，心下匆匆，方寸无多，往来应接不暇，如看场中美色，一眼即过，与我何与也。"意思是，郑板桥认为过目成诵太草率了。眼睛不停地看，心中却根本来不及吸收和消化。如此匆忙，无异于走马观花，对自己丝毫没有影响和作用。

人们都以为郑板桥读书善记，却不知并不是郑板桥记忆力好，而是他勤于诵读。

《板桥诵书》中写："板桥每读一书，必千百遍。舟中、马上、被底，或当食忘匕箸，或对客不听其语，并自忘其所语，皆记书默诵也。"意思是说，郑板桥每次读一本书，一定要读千百遍。在船上、马上、被子里，有的时候在吃饭的时忘记了勺子筷子，有的时候面对客人没有听到他们的话，甚至忘记了自己说的话。这都是他在记忆书上的内容，默默地诵读。

"人一能之，己百之；人十能之，己千之。"这讲的是别人一次就能做到的，我反复做一百次；别人十次就能做到的，我反复做一千次。他告诉我们应该以勤奋不懈地努力，弥补天资之不足。郑板桥能够以"人一己百"的精神，千百遍地诵读，无论何时何地，废寝忘食。对一切视而不见、听而不闻，聚精会神于此，哪里还有记不住的书呢？郑板桥并非反对博览群书，而是在强调精读的重要性。

郑板桥提倡慎选精读。先选定一本书，然后反复阅读，有的书他甚至读过几十遍，直至真正懂得了书中的道理，才肯把这本书放下。他在《板桥自叙》中说："板桥居士读书求精不求多，非不多也，唯精乃能运多，徒多徒烂耳。"他极不赞成那种走马观花式的读书方式，认为匆匆一阅，其实心得全无。他曾写信对儿子说："凡经史子集，皆宜涉猎，但须看全一种，再易他种，切不可东抓西拉，任意翻阅，徒耗光阴，毫无一得。"其次，要善于抓住要点、善于探究、勤于发问。对此，他认为："愈探愈出，愈研愈入，愈往而不知所穷。"意思是，读书犹如挖井，掘得越深水越清。

郑板桥强调，切不可死读书，最终为书所困。书中所写的内容，一定要经过认真思考，不可一股脑全信，要有自己的判断。对此，他说："诚知书中有书，书外有书，则心空明而理圆湛，岂复为古人所束缚，而略无张主乎！岂复为后世小儒所颠倒迷惑，反失古人真意乎！"读书须由浅入深，一口吃不成大胖子。对此，他说："读书能自刻苦，自愤激，自竖立，不苟同俗，深自屈曲委蛇，由浅入深，由卑及高，由迩达远，以赴古人之奥区，以自畅其性情才力之所不尽。"这意思是，读书当循序渐进，从善如流。

郑板桥认为，当多读书外之书。俗话说：读万卷书，行万里路。社会是一本大书，气象万千。喜欢读书的人，切不可游离于外。对此，他说："板桥非闭户读书者，长游于古松、荒寺、平沙、远水、峭壁、墟墓之间。然无之非读书也。"意思是，常出去走走，翻阅一下社会这部大书，能够感知百姓疾苦，洞察世间万象。切不可只是闭门读书，同时也要关心天下大事。

郑板桥还认为，交流读书心得很重要。读书宜有三五好友，切磋读书心得，探讨书中道理，交流思想感悟，这便是读书的趣味所在。提起书友，他给朋友陆伯仪的信中说："回忆尔时数人读书古庙，深更半夜，谈文娓娓不去，虽天寒风劲亦不顾。有时一人烧粥，一人斧薪，以咸豆子下粥，大啖大笑，腹饱身暖，剔灯再读，如是其乐。或短衣骑石狮子脊背上，纵谈天下事，谁可将十万兵，谁可立功边徼，以异国版图献天子者，又如是其乐。今一念及之，古庙无恙耶？石狮子无恙耶？谁得再与我古庙谈文？谁得再与我在石狮子背上论兵？谁得再与我啖咸豆子下粥？"这段话令人无比感叹，可见好的书友是何等难得。人生有一二知己，能够快乐地交流读书心得，那便是人生乐事矣。

读书学做圣贤是古时读书人的最高理想，一般人无此见识亦无此心思。郑板桥的回答很实在："凡人读书，原拿不定发达，然即不发达，要不可以不读书。主意便拿定也。科名不来，学问在我，原不是折本的买卖。"科举功名并非全在自己努力，亦有时机等不可测的因素在内，所以读书不一定可以发达。但是不论发达与否，读书总是自己受益，毕竟学问还是自己的，读书总不吃亏。

郑板桥亦认同读书救贫："东投西窜，费时失业，徒丧其品，而卒归于无济，何如优游书史中，不求获而得力在眉睫间乎！"读书所救的是精神的贫乏，这比物质的脱贫更重要。郑板桥的这点卓识也是值得今人深思的。

书意：字如其人的翰墨之道

书法艺术，常常被称为无言的诗、无形的舞、无图的画和无声的乐。有时，长辈们会教导你们一句话：字如其人。中国自古就有一种说法：书法可以反映人的性格、情绪、能力等。

古时候，对于读书人来说，写字是人生的第一门功课。在传统的科举考试中，书法的重要性比现在更大。给你们讲一个清代状元的小故事：相传康熙六十年，一个叫作邓钟岳的读书人进京赶考。殿试结束，主考大人将前十名的优秀答卷呈送康熙，请他钦定状元、榜眼、探花。康熙看过邓钟岳的考卷，提起御笔，在邓钟岳的卷子上批了八个字"文章平平，字压天下"，并点他为状元。

我们生活中所接触的书法从最广泛的意义上说，起源于汉字产生的阶段，已经有着几千年的历史了。在汉字不断发展的过程中，书法艺术也随之发生着改变。

甲骨文，也就是刻在龟甲和兽骨上的文字。由于是用原始利器刻在骨块上的，笔画细而浅，而且多是方笔，圆笔很少。

金文，也就是铸或刻在铜器上的文字，从甲骨文发展而来。笔画和结构更为简单，字形趋向工整。到了战国时期，南方吴、越、楚等国的文字还出现了类似鸟虫的装饰成分，后人称为"鸟虫书"。

篆书，其实就是官书，一种规范化的官方文书通用字体，又可分为"大篆"和"小篆"两种：大篆结构整齐，打下了方块汉字的基础，但是笔画较多；小篆平衡对称，是秦始皇统一六国后将文字的书体标准化的产物。

隶书，字形宽扁，横画长、竖画短，由篆书发展而来，将圆转的笔画改为方折的笔画。因为象形的部分消失，文字变成了纯符号式的工具。

草书，结构简省、笔画连绵，是为了书写简便在隶书基础上演变而来的。

行书，介于楷书、草书之间，是为了弥补草书难以辨认而产生的。

楷书，形体方正、笔画平直、可作楷模，所以名为楷书，逐渐取代隶书，成为通行至今的正体字。

现在练习的书法一般都是楷体。这样的书法能帮助人们更好地识字、记字。北宋人张商英喜欢写草书，但是很不工整。他偶然得到佳句，奋笔疾书，再叫侄儿工整抄录下来。侄儿抄到笔画怪异的地方便问他："这是什么字？"他仔细辨认了很久，也没认出来，于是责骂侄儿："你为什么不早一点儿问我？我也忘了写的是什么了。"

虽然练习的书法大都是楷体，但是也有不同的体式和风貌。我国历史上曾出现过很多楷体非常漂亮的书法家，其中最为有名的便是"楷书四大家"。

唐代欧阳询。他的楷书写法严谨、笔力险峻，世称"欧体"，代表作有《九成宫醴泉铭》。常言"字如其人"，但欧阳询就是一个"非典型"的代表，因为他实在是一个相貌丑陋却乐观向上、才气非常的人。人们谈论他的丑陋时也带着佩服与褒奖的意思。

唐代颜真卿。他的楷书端庄雄伟、气势高涨，世称"颜体"，代表作有《颜勤礼碑》。据说，颜真卿小时候家境不好，所以他便用刷子蘸泥浆在墙上练字，写满后再用水刷掉重新练习，就这样慢慢练就了一手好字。

唐代柳公权。他的楷书结体严谨、笔法精妙，世称"柳体"，代表作有《玄秘塔碑》。柳公权说过一句话："心正则笔正。"这也就是说，人们写字时要有一个端正的心态，认真对待写字，这样才能把字写好。

元代赵孟頫。他的楷书圆润清秀、端正严谨，世称"赵体"，代表作有《玄妙观重修三门记》。赵孟頫神采秀异、英俊潇洒，倒是"字如其人"的典型代表。据说，他走在街上，迎面而来的一位素未谋面的文士便能直接认出他。他自己都很奇怪，那位文士便说："我听朋友说赵孟頫若神仙中人。我从来没见过这样的人。今日一见，不是您，还能是谁呢？"

前面所说的书法是我国汉族和深受汉族文化影响过的其他民族特有的一种展现文字之美的艺术。我们常见的是汉字书法，其实还有藏文书法、蒙文书法、满文书法等。

藏文书法，以硬笔书写。笔多由竹子做成，纸张多为狼毒草根制作的藏纸。从左至右，平行行文，犹如一条直线串成的一排文字。

蒙文书法，使用软笔或硬笔，以竖式拼音结构的象形蒙文字为基础。一般是从上到下、从左至右的竖写排列形式，犹如骑马行走。

满文书法，依托没有规整框架的满文文字，仿照汉字书法，写出来犹如一串竖串起来的灯笼。

2008年，经国务院批准公布，汉字书法、藏文书法被正式列入"第二批国家级非物质文化遗产名录"；2009年，中国书法在联合国教科文组织保护非物质文化遗产政府间委员会会议上，正式入选"人类非物质文化遗产代表作名录"；2014年，蒙文书法、满文书法被正式列入"第四批国家级非物质文化遗产名录"。

从某种程度上来说，书法可以看出一个人的性格和人品，正所谓"字如其人"。什么事情都是有因果关系的。

众所周知，书法是一门极难的艺术。而作为中国人，写字又是每个人都必须要练习的事情。一个人若能写一手漂亮的书法，那这个人就很可能是勤奋好学之人。在这个浮躁的社会，不勤奋的人、守不住寂寞的人是学不进书法的，更是成就不了书法艺术的。那些丑书和伪书书法者就是急于成名，急功近利，守不住宁静，想走捷径搞所谓的书法创新的产物。从这一点来说，书法可以反映一个人的性格。

书法的表现风格，也可以反映一个人的性格。伟人毛泽东的书法作品就是如此。他的书法作品刚劲有力，势如破竹。其草书龙蛇飞舞、大气磅礴、豪放酣畅，能让人感受到他指点江山、激扬文字、独领风骚的伟人风范。一般来说，性格豪放的人写出的书法会大气磅礴，有其书法的无穷魅力；而性格内敛的人写出的书法便会拘束一些，缺乏刚毅和活力。还有的人写出的书法为了一味地追求所谓艺术效果，华而不实地夸张，没有章法，不守"书道"。这些就是人品问题了。

字为心声，字反映的是一个人的内心世界。真正爱好书法的人都是注重内功修炼、表里如一、说到做到的人。一个喜欢写字的人，一个热爱书法的人，都是爱"面子"的人，这个面子就是要让自己写的字对得起"观众"。相反，一个马虎的人，不讲"面子"的人，也就懒得用长时间去坚守、去练习书法了。即使练习也是马马虎虎，三天打鱼、两天晒网，练不出什么效果，写的也是一手"差字"。正是如此，写好字也是人的一种性格和品质。做中国人就要写好中国字，这也是一种追求和品质。

重义：卜式为国仗义疏财

重义轻财，即重视仁义而轻视钱财。中国自古就重视"义"。在"义"面前，生死都不重要，何况钱财。在汉代的《盐铁论》中就记载："古者贵德而贱利，重义而轻财。"明朝沈受先先生在其《三元记》中也表明："重义轻财大丈夫，萧然子嗣待如何。"中国古代有关重义轻财的人物有很多。西汉时期著名的贤士卜式就是其中一位。

卜式，生卒年不详，西汉河南人，西汉大臣。卜式早年过着半耕田、半牧羊的生活，由于长年辛勤劳动，积累起了庞大的财富。父母去世后，卜式与家中幼弟相依为命。

勤劳的卜式不仅擅长养羊，

卜式牧羊

而且非常疼爱这个弟弟。弟弟成年后，在与弟弟分家时，他把原来家里的田地和财物及大部分的羊都给了弟弟，自己仅仅带着几百只小羊进入深山。由于卜式勤奋饲养，多年后，羊群规模不断扩大，达一两千只。卜式还添置了田地与房屋。然而，不知是什么缘故，他的弟弟却"尽破其业"，只好去找哥哥卜式。卜式并没有责怪弟弟，反而按照之前的方式，把自己的财产又分给了弟弟。虽然他的弟弟很不争气，几次三番分走了他的财产，他却从不生气。

注重亲情的卜式多次伸出援手，给予弟弟数量不少的产业，帮他度过难关。此举让世人赞叹不已。卜式不仅这样对待自己的亲人，还以同样的方式对待邻居，特别是当国家有困难时，他也会解囊相助。

"天子诛匈奴，愚以为贤者宜死节，有财者宜输之，如此而匈奴可灭也。"

《汉书》记载了卜式为国仗义疏财的故事。当时，汉朝正在和匈奴打仗，因此国家财政吃紧。卜式听说后，迅速赶往了京师长安，以平民的身份上书朝廷，愿意将自己财产的一半捐献给国家，帮助国家度过财政难关。

这件事惊动了朝廷上下，为了搞清楚卜式捐款的真实目的，汉武帝派特使找到卜式问道："想当官吗？"卜式说："从小牧羊，不熟悉怎样当官，不愿意做官。"使者又问："家里难道没有冤家仇人，想讲出来吗？"卜式说："臣生来与人无争。家里贫穷的乡人，我就借钱给他；为人不善的，我就教他做好事。去到哪里，人们都顺从我，卜式有何冤事啊！"使者接着说："如果是这样，你到底想要什么呢？"卜式说："皇上讨伐匈奴，我认为贤能的人应该为大节而死，有钱的人应该把财产捐出来，这样的话匈奴就可以被灭掉了。"使者听了非常感动，回去报告了朝廷。

汉武帝听了使者的汇报也蒙了，他拿不定主意，就把卜式的情况告诉了丞相公孙弘，希望他能给出个建议。公孙弘虽然人生经历丰富，可是只出钱不求回报的事情他还是第一次听说，于是，这位心胸不够宽广的丞相对汉武帝说："这个人做事不合常理，不理会他就是了。"汉武帝也比较赞同公孙弘的看法，就没有答复卜式。卜式第一次为国家资助的行为就这样夭折了，他也只好继续回家放羊种地了。

一年后，遇上匈奴浑邪王等归降汉朝，朝廷开支增大，粮仓和钱库空虚。贫民多迁徙，又都靠国家补给，而朝廷无法完全供给。这时候执着的卜式又出手了，他拿出了二十万钱给河南太守，用来安置灾民。后来河南太守向朝廷汇报富人捐款名单的时候，汉武帝看到了卜式的名字觉得眼熟，仔细一想，原来是前几年要捐一半家产打匈奴的人，这才认识到当时是误会了他。当时，富豪们争相隐匿财产，相比之下，只有卜式特别想出资救助。这让汉武帝非常感动，于是赐卜式四百人更赋钱，还准备把卜式尊为长者，召拜卜式为中郎，赐爵左庶长，田十顷。

更加感人的是，卜式不仅将所赐款项全部还给官府，而且也不愿意做官。汉武帝十分欣赏卜式，就对他说："我在上林苑也有很多羊，你来帮我牧羊总可以吧。"卜式这下不好推脱了，就赶往了上林苑，但他装束上依旧是粗布麻衣。在卜式的精心照料下，上林苑中的羊越来越多，个个肥硕。一次偶然的机会，汉武帝路过上林苑，以为来错了地方，发现这里的羊与以前的羊有天壤之别。汉武帝对卜式更加赞许。此时，卜式趁机对汉武帝表示，其实治理百姓和放羊是一个道理，要爱护与关心他们，让大家按时劳作、按时休息。若群里出现了坏人，就把他淘汰出局，天下自然就太平，百姓也就富足了。

当卜式的这番放羊治国论一出，汉武帝惊呆了，他觉得卜式简直就是个奇才，在上林苑放羊太屈才了，就让他去缑氏县做县令。结果缑氏县百姓的生活水平有了显著提高。后来又让他去做成皋县县令，成皋县的水利工作又上了一个新台阶。汉武帝对卜式非常满意，就让他去给齐王做太傅。

几年以后，南越国的丞相吕嘉造反了。卜式给汉武帝上书，认为天子的忧患就是做臣子的耻辱，并要求带儿子和齐地会驾船的人去攻打南越国。汉武帝听了卜式朴实的言语后非常激动，封他为关内侯，赏黄金四十斤，良田十顷。在元鼎年间，卜式奉命出任御史大夫，相当于副丞相，成为当时的三公之一。

西汉时期牧羊人出身的卜式，在国家遭遇困难、民众蒙受痛苦的时候，多次用自己朴实与真诚的言行，向国家与人民表忠心，最终感动了当时的皇帝汉武帝，同时也得到了百姓的敬重。我们应该学习卜式勤劳致富的优良作风，更要敬佩他在国家危难、民众受苦之时能慷慨解囊、无私奉献的精神，做一个合格的社会主义公民，为我们的祖国强盛、人民幸福安康、中华民族伟大复兴贡献力量。

孝善：中国古代十大著名孝子

汉代是历史上第一个将"孝"作为治国之本的国家，开创了"孝治天下"的先河。汉代皇帝自汉高祖刘邦以降，多以"孝"为谥号，如孝文帝、孝景帝、孝武帝等，这向社会传达了最高统治阶级精神和价值追求。汉代将《孝经》引入学校教育体系，还开创了"举孝廉"的选官制度，即被推举为"孝"的人，优先考虑提拔晋升。"孝"还被引入法律体系，不孝之人可能受到法律的制裁。汉宣帝曾下诏："父子之亲，夫妇之道，天性也。虽有患祸，犹蒙死而存之。诚爱结于心，仁厚之至也，岂能违之哉！自今子首匿父母，妻匿夫，

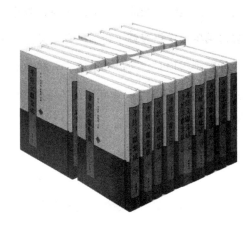

江苏广陵书社出版《孝经文献集成》（共30卷）

孙匿大父母，皆勿坐。"这虽同现代的法律相异，但从中可以看出汉代重"孝"的程度。孝在中国社会和文化的发展过程中，成为一种意识形态，并在中国历史上发挥了重要的作用。百善孝为先。孝是中华民族持久不衰的根脉，是中华民族优秀的传统。我们来看一下中国历史上十大孝子的故事。

孝感动天——舜

"孝感动天"是二十四孝中的第一个故事。原文中记载："虞舜，瞽瞍之子。性至孝。父顽，母嚚，弟象傲。舜耕于历山，有象为之耕，鸟为之耘。其孝感如此。帝尧闻之，事以九男，妻以二女。遂以天下让焉。"

舜，传说中的五帝之一，名曰姚重华，史称虞舜。相传，舜经历坎坷。他的母亲逝世较早，他的父亲瞽瞍（眼瞎的老者）及继母和异母弟象多次想置舜于死地。有一天，其父命舜把仓房的茅草盖好。等舜爬到屋顶时，父母和弟弟三人却撤走了梯子，从下面放起了火，企图将舜活活烧死。舜将事先准备好的两个斗笠绑在手臂上当作翅膀，从谷仓上跳下逃脱。后其父又命其挖井，而自己却伙同妻儿从上方填土，企图把舜活埋。舜则在一旁挖了一个通道成功逃脱。事后，舜丝毫没有怨恨和报复他们，仍然对父亲毕恭毕敬，对继母孝顺有加，对弟弟呵护慈爱。这样的孝行感动了天帝，还得到了帝尧的赏识。因此，尧将位置传给了舜。后人称赞舜曰：队队春耕象，纷纷耘草禽。嗣尧登宝位，孝感动天心。

亲尝汤药——汉文帝刘恒

"亲尝汤药"讲述的是汉文帝刘恒的故事。汉代以"孝"治天下，汉文帝更是以身作则，用自己的行动，树立了"孝"的典范。《二十四孝》中记载："前汉文帝，名恒，高祖第三子，初封代王。生母薄太后，帝奉养无怠。母常病，三年，帝目不交睫，夜不解带，汤药非口亲尝弗进。仁孝闻天下。"

汉文帝之母薄太后有一次身患重病，卧床不起。这一躺就是三年。汉文帝见此焦急万分，亲自服侍母亲，日夜陪伴在母亲身旁，每每等到母亲睡后，才在床边小憩一会儿。汉文帝亲自侍奉母亲汤药，每次煎完，必先亲自尝一尝药苦不苦、烫不烫，感觉良好后，才给母亲喝。日复一日，不辞辛劳。自古道：久病床前无孝子。而汉文帝却三年如一日。后有诗赞曰："仁孝临天下，巍巍冠百王。莫庭事贤母，汤药必亲尝。"

啮指痛心——曾子

"啮指痛心"的典故讲的是春秋时期鲁国曾参的故事。曾参，字子舆，是孔子的得意门生，世称"曾子"。曾子以孝著称，相传，曾子年少时家境贫寒，经常进山砍柴以补家用。有一天，家中来了客人，由于曾子不在家，其母不知所措，便咬自己的手指。而此时在山中砍柴的曾参突感心痛，便马上联想是否家中母亲有什么事情，于是背着柴迅速跑回家中，方才得知家中来了客人。这可谓是母子连心。曾子也因其孝行和学识被后世儒家尊为"宗圣"。

百里负米——子路

"百里负米"发生在孔子另一个学生子路的身上。《二十四孝》中原文记载："周仲由，字子路。家贫，常食藜藿之食，为亲负米百里之外。亲殁，南游于楚，从车百乘，积粟万钟，累茵而坐，列鼎而食，乃叹曰：'虽欲食藜藿，为亲负米，不可得也。'"

子路早年家境贫寒，食不果腹，自己常以野菜充饥，却从百里之外背着米回家给父母。父母去世后，子路做了大官，随从车辆众多，所积攒的粮食数不胜数。但子路还是时常怀念双亲，即便还吃野菜，还为父母背米行走百里，也愿意。后有诗颂曰："负米供旨甘，宁辞百里遥。身荣亲已殁，犹念旧劬劳。"

芦衣顺母——闵子骞

"芦衣顺母"发生在孔子的弟子闵子骞身上。孔子曾称赞其："孝哉，闵子骞，人不间于其父母昆弟之言。"

闵损，字子骞，春秋时期鲁国人，七十二贤人之一。闵子骞生母去世较早，其父又迎娶一妻，又生了两个儿子。闵子骞的继母经常虐待他。时至寒冬，继母用棉花给他两个弟弟做棉衣以御寒，而用芦花给闵子骞做"棉衣"。一天，子骞随父亲出门，因为天冷体寒，身体颤抖，不慎将牵牛的绳子掉落在地上，被父亲责骂和鞭打。芦花做的衣服被打破了，芦花就顺着衣缝飞了出来。父亲此时才知道子骞在家中受到不公的待遇。其父怒气不止，返回家中，想要休掉后妻。闵子骞此时以德报怨，跪求父亲饶恕继母，说："留下继母，只有我一人受冻；若是休了母亲，三个孩子都要受冻。"父亲十分感动。继母也悔不当初，从此善待子骞，视如己出。可谓："闵氏有贤郎，何曾怨晚娘？父前留母在，三子免风霜。"

鹿乳奉亲——郯子

幼年郯子孝双亲，为觅鹿乳进山林。翻山越岭难如愿，猎户慨赠全孝心。《二十四孝》中这样记载："周郯子，性至孝。父母年老，俱患双眼，思食鹿乳。郯子乃衣鹿皮，去深山，入鹿群之中，取鹿乳供亲。猎者见而欲射之。郯子具以情告，以免。"诗曰："亲老思鹿乳，身挂褐毛皮。若不高声语，山中带箭归。"

郯子父母年老时，患有眼疾。有偏方说用鹿乳洗眼可以治愈眼疾，郯子便四处寻找鹿乳，但始终找不到。眼看父母每日受到眼疾的折磨，他心急如焚，便决定去鹿群中搜寻母鹿，去挤鹿乳。由于鹿生性机敏，胆小怕人，郯子便身裹鹿皮，混入鹿群。一日，郯子与猎人相遇。猎人错将郯子当作小鹿，准备张弓射猎。郯子急忙站起，告知实情。猎人被其孝心所感动，将家中的鹿乳赠予郯子。这便是著名的"鹿乳奉亲"的典故。

戏彩娱亲——老莱子

"戏彩娱亲"的故事出自《艺文类聚》，讲述的是春秋时期楚国的隐士——老莱子的孝行。春秋时期，为了躲避战乱，老莱子隐于蒙山南麓。年近七十而不言老。此时老莱子的父母尚在，于是老莱子经常穿着五彩斑斓的花衣服，手持着拨浪鼓像孩子一样玩耍，以此来博得父母的开心。一次，老莱子端水进屋，跌了一跤，便顺势坐地像孩子一样"呜呜"地哭了起来，引得父母哈哈大笑。有诗曰："戏舞学骄痴。春风动彩衣。双亲开口笑，喜气满庭帏。"老莱子用这种方式愉悦高寿的父母，希望永远保持孩子般和父母相处时的幸福感，使父母也常葆青春之态。

卖身葬父——董永

"卖身葬父"是指汉朝的董永。原文记载："汉董永，家贫。父死，卖身贷钱而葬。及去偿工，途遇一妇，求为永妻。俱至主家，令织缣三百匹，乃回。一月完成，归至槐阴会所，遂辞永而去。"

汉代，董永家境贫寒，连父亲去世都没有钱下葬，于是就把自己卖给了财主家为奴，借钱来安葬父亲。后事处理完后，董永去财主家出工抵债的途中，遇到一位女子（此女子相传为七仙女下凡）

主动与董永结为夫妻。二人一同到财主家做工。主人要求董永织出三百匹的细绢才可以抵债。夫妻二人用了一个月的时间完成了任务。董永也不用为奴了。二人在回家的路上，行至相遇时的那棵槐树下，女子辞别董永。有诗云："葬父贷孔兄，仙姬陌上逢。织缣偿债主，孝心动苍穹。"相传董永与七仙女相遇之地原为"孝昌"，后因董永之孝感动了天地，故改名为"孝感"，即今天湖北省孝感市。

刻木事亲——丁兰

"刻木事亲"是《二十四孝》中的第十二则故事。原文记载："丁兰，幼丧父母，未得奉养，而思念劬劳之恩，刻木为像，事之如生。其妻久而不敬，以针戏刺其指，血出。木像见兰，眼中垂泪。因询得其情，即将妻弃之。"

相传，丁兰为东汉时期的河内人。幼年时期，父母双亡，由于时常思念父母，为报答父母的养育之恩，遂将双亲用木头制成雕像，用以供奉。出必告，返必面，遇到事情也同雕像父母商议，每日三餐更是供奉完双亲后才自己食用。事之如生，从不懈怠。久而久之，其妻渐渐对雕像表现出了不恭之行，用针去刺木雕的手指。然而木雕竟有血流出。丁兰回到家中见到父母雕像的眼中噙有泪水，便详细询问，得知实情后，于是休掉了妻子。这件事情虽然不符合逻辑，但颇具浪漫主义情怀，旨在告诫人们要孝顺父母，传承中华民族的传统美德。

行佣供母——江革

"行佣供母"记述的是东汉时期齐国临淄人氏江革的事迹。江革年少时，父亲便早早辞世，一直和母亲相依为命。东汉末年各地起义，天下大乱。战乱之中，江革带着母亲四处逃难，为了减少母亲颠沛流离的痛苦，江革便整天背着母亲到处奔波。在逃难的过程中，江革数次遭遇匪盗，差点被劫走。每当面对这种情形，江革都苦苦哀求，痛哭流涕地告知匪盗自己尚有老母需要照料，讲述着母子二人的经历。贼人也多次被感化，不忍心杀他。后来，母子二人逃到江苏省下邳县，流离失所，举目无亲，一贫如洗。即使这样，江革自己赤着脚给别人当佣人，做苦力，用微薄的收入维持母亲的生活。凡是母亲的日常用品，江革一样不少地供给，自己却过着衣不蔽体的节俭生活。

江革的实际行动正如《孝经》中所述："用天之道，分地之利，谨身节用，以养父母。"母亲去世后，江革哀伤痛哭，守孝三年，睡觉时也不脱丧服，魏明帝时被举为孝廉，后官至谏议大夫。

传承孝文化，是弘扬中华优秀传统文化的核心。孝文化是中华优秀传统文化的重要组成部分，能为现代文化提供丰富的历史养料。文化影响人的实践活动、认识活动和思维方式。倡导孝文化能提升公民的道德素养，在全社会形成自觉行孝的社会氛围，实现家庭和睦、社会和谐。

勇气：勇于亮剑的水浒英雄

　　有勇有谋固然好，无勇有谋也不错，但有勇无谋总是被很多人嗤之以鼻。然而，勇敢本来就是一种极为难得的品质，勇敢在很大程度上决定了战斗力。在关键时刻勇于亮剑，这是英雄之举。古往今来，狭路相逢勇者胜的例子举不胜举，因为勇敢而著称于世的英雄也是不胜枚举。《水浒传》中许许多多的好汉用他们的行动向我们阐释了这一道理。

　　鲁智深为了救助金氏父女，挺身而出，与镇关西郑屠针锋相对，最后三拳打死了这个作恶多端的恶霸，为民除害。他没有考虑自己的安危，甚至丢掉了自己的饭碗而流落江湖。武松为了替施恩夺回快活林，勇敢面对恶霸蒋门神及他身后的恶势力。李逵为了一个平民百姓而与宋江拔刀相向，虽然最终事实证明是他误解了宋江，但他那种敢把皇帝拉下马的勇敢仍然是值得敬重的。由此可见，勇敢是和正义联系在一起的。

　　为了个人的私欲铤而走险，那不是勇敢，而是亡命。在恶行得以恣肆的地方，缺乏的往往不是正义，而是勇敢。空有满腔热情而不能够付诸实施的正义感，缺少了勇敢，也就无从谈起。缺少勇敢的地方，必定缺少正义，因为没有勇敢，正义难以张扬。鲁智深、武松、李逵就是这样，他们为了正义而战，维护的是百姓的利益；他们敢于为民请命，维护的是社会的良知。像这种在金庸、古龙的武侠小说里看到的独闯江湖的侠客形象，我们在《水浒传》中见到了。这些踏着荆棘丛生的曲折道路前行的好汉们，总是充满勇者的笑容和风采。

勇敢是一种本能的迸发与冲动。武松不顾店小二"三碗不过冈"的劝阻，坚持日落后经过大虫出没的景阳冈。等到他醉醺醺地

武松打虎

上了冈，感到真的有大虫的时候，他其实是非常害怕的。但是他的尊严告诉他——不能下冈，否则会让人耻笑。当大虫真的跳出来时，他本能的反应是求生，所以他拼尽全身的气力，打死了老虎。但这种本能折射出一种精神——不惧困难、不怕强敌，让武松一往无前地去战斗，最终夺取了胜利。所以，勇敢是一种精神。一种"明知山有虎，偏向虎山行"的大无畏精神。有了勇敢，即使你粉身碎骨，也依然在人们心中树立了丰碑。

勇敢是一种美德。易于冲动、逞勇好斗，那不是勇敢，而是无知、鲁莽和野蛮，是文明人和文明社会的耻辱。勇敢是一种修养和风度，对真理和智慧的追求会使人变得勇敢无畏。鲁智深、武松、李逵等好汉都不是争强好胜，而是处处替别人着想的无所畏惧。胜利属于勇者，失败等待弱者。清代文人叶燮在《原诗》中曾说："成事在胆。"中国有句谚语："敢上南天门，就可摘星星。"说的就是"狭路相逢勇者胜"这个浅显而又深刻的道理。

勇敢也是一种智慧。风再猛，折不断鹰的翅膀。一个勇士胜过一百个懦夫。拼命三郎石秀一个人劫法场营救卢俊义，用一声"梁山好汉全伙在此"吓破了敌人的胆。这其中有智慧，更是勇敢的精神在起着决定性的作用。另外，人一旦拥有了学问和智慧就会变得勇敢无畏。古往今来无数的学者、科学家，凡是成大事的人，大都不仅拥有智慧，也不乏勇敢，他们甚至是能够笑对死亡。

关键时刻需要勇气，遇到挫折需要更大的勇气。狭路相逢勇者胜，这就是亮剑精神，关键时刻要敢于亮出自己。狭路相逢勇者胜，在战场上如此，在生活中也是如此。生活就像战斗，有很多的磨难和艰辛。虽然我们不再像原始人那样跟勇猛的野兽搏斗，可是面对困难挫折，我们必须接受它，而且要想法子去应对它。悲观失望、沮丧消沉是懦弱者的伎俩，而勇者能够用它的力量战胜一切。只要心中有了直面人生的勇气，就是面对万丈深渊也不觉得可怕。

培养战胜胆怯的勇气和决不向困难妥协的精神是非常必要的。消除畏惧，是一个人成功的前提。毫不畏惧的人，有着按自己的意图行事的坚韧生命力。他们可以抛弃一切、无所顾忌地向着奋斗目标英勇前进。他们有强烈的自信，有不怕危险和失败、大胆猛进的勇气，有敢于挑战现状的气魄。他们不断进取，在与对手的竞争中激发斗志，发挥出自己的力量。他们能够把现实问题解决好，不去考虑什么退路。面对强大的敌手，明知不敌也要亮剑，即使倒下也要成为一座山、一道岭。狭路相逢勇者胜，置之死地而后生。只要坚决、勇敢、不怕牺牲，对手就会望而却步，你就会笑到最后。

勇士，即便在敌人心里，也能唤起敬意；懦夫，即便在同道眼里，也能遭到轻蔑。涉水不要怕漩涡，过江不要怕巨浪。勇敢对于个人来说是一种不可或缺的品格，没有勇敢的品质就不可能坚持正义；勇敢对于社会来说是一种不可或缺的德行，没有勇敢的精神就不可能主持公道。

谭嗣同横刀向天笑、邹容写下《革命军》、秋瑾慨然赴刑场，这让多少刽子手不寒而栗。无数伟大的英雄斗士——狼牙山五壮士、杨靖宇将军、王二小、刘胡兰……数不胜数，他们都是勇者。不勇何以成英雄！英雄们那些惊天地泣鬼神的感人事迹，永远都昭示着"狭路相逢勇者胜"这句箴言。面对困难就像面对强敌。我们要有这样的英雄气概、这样的信心和决心，将所有阻碍发展、前进的强敌击碎，打破一切发展的瓶颈，才能够更迅速地腾飞。

正直：敢于直谏的魏徵

魏徵雕塑

魏徵，字玄成，河南洛阳人，唐朝政治家、文学家、思想家、哲学家和军事家，先后担任过魏国公、尚书右仆射等职，是唐太宗的辅臣。魏徵的一生是为官的一生，是正直的一生。他敢于直谏，为人坦荡，不矫揉造作，不阿谀奉承。他的直言进谏在当时成为一股清流，为人称道。

唐太宗李世民是一个非常有作为的君主。在他的治理下，国家太平，人民生活安定。魏徵作为一个直臣，经常劝谏李世民改正缺点。他与唐太宗和谐的君臣关系，也成了一段千秋佳话。

魏徵幼年丧父，家境贫寒，穷困失意却有远大志向，不从事谋生的职业，出家当了道士。他喜爱读书，能融会贯通，见天下越来越乱，特别留意先秦纵横家的学说。李密起兵后，魏徵投靠了他。魏徵对李密提了十条计策。李密很欣赏那些计策，但是没有采用。久而久之，他对李密很失望，认为李密成不了大业。

李密失败后，魏徵跟随他一起投降了唐朝。到了长安后，魏徵很久都得不到重用，于是请求让自己去安抚山东地区。窦建德攻下黎阳后，魏徵当了俘虏。窦建德失败后，魏徵再次回到唐朝。李建成听说魏徵很有才干，于是将他任命为太子洗马，很器重他。

魏徵见李世民的势力太大，劝李建成要早做防备。玄武门之变后，唐太宗找来魏徵，问他："你为什么要挑拨我们兄弟二人的关系？"魏徵说："太子如果当初听了我的话，就不会落到现在这个田地了。"唐太宗其实并没有责怪魏徵的意思，他知道魏徵是个有才能的人，登基后将他任命为谏议大夫。

唐太宗励精图治，想建立一番丰功伟业。他多次把魏徵请到内室，向他询问得失。魏徵很有才能，而且性情耿介，从来不会屈服。唐太宗和他谈话，都能欣然采纳他的意见。魏徵很高兴能够遇到明主，所以更加努力地进谏。

唐太宗曾经说过："魏徵前后给我提了两百多条意见，如果不是一心为国的话，那是不可能办到的。"不久，有人弹劾魏徵徇私，唐太宗派温彦博去调查，查出魏徵被诬陷。温彦博上奏说："魏徵身为大臣，应该检点自己的言行，但他不能避开嫌疑，所以才会有谣言出现。虽然他并没有徇私，但也有应该责备他的地方。"

唐太宗命温彦博去责备魏徵，并告诫他以后要多注意下影响。魏徵不服，上奏说："我觉得君臣之间应该相互和谐默契，像一个整体。哪能不顾公道，只注重自己行为的影响？如果大家都这样做的话，国家迟早完蛋。"唐太宗很吃惊，对他说："我知道错了。"魏徵继续说道："我希望陛下让我做良臣，不要让我做忠臣。"唐太宗不明白，问道："这也有区别？"

魏徵回答道："后稷、契和皋陶他们属于良臣，而关龙逢和比干是忠臣。良臣能让自己和君主都获得美名；忠臣只能让自己遇到杀身之祸，还给君主留下骂名。这两者区别很大的。"唐太宗接受了他的意见，并赏给他五百匹绢。

唐太宗在丹霄楼设宴款待群臣。喝得高兴的时候，唐太宗对长孙无忌说："魏徵和王瑾等人以前为李建成效力，现在想起来，他们当时真是可恶。而我能不计前嫌提拔他们，完全可以和古人相比了。但是魏徵每次进谏的时候，如果我不听从的话，他就不会立刻回答我。这是为什么呢？"

长孙无忌说："大臣认为事情不对，所以才会进谏。如果陛下没有听从而大臣马上回答的话，可能会妨碍事情的实行。"唐太宗说："可以当时先答应着，过后再提意见嘛。"魏徵插话道："以前舜对大臣说：'你们不要当面顺从我，过后又来反对。'如果我当面顺从陛下，回去又要提意见，这就有违舜的教导了。"

唐太宗放声大笑："别人说魏徵举动粗野、傲慢，我却觉得妩媚，正是因为这些啊。"魏徵拜谢说："陛下启发引导臣，让臣说话，所以臣敢于进谏。如果陛下不接受臣的进谏，臣怎么敢多次触犯皇上的尊严呢？"

长乐公主将要出嫁。太宗因她是皇后所生，命令有关部门办的嫁妆比永嘉长公主多一倍。魏徵说："不行。从前汉明帝准备授封地给他的儿子，说'我的儿子怎么能与先帝的儿子等同？可封给他楚地、淮阳的一半'。以前的史书把这事作为美谈。天子的姊妹是长公主，天子的女儿是公主。既然加'长'字，就是有它的尊荣显贵。感情可以有深有浅，但不容许超越了礼仪制度。"

太宗认为他说得对，入宫告诉长孙皇后，然后派使者送钱四十万、绢四百匹到魏徵的住宅。不久，魏徵晋升爵位为郡公。

有一次，唐太宗打算颁布一道诏令，要求十八岁以上的青年男子都去当兵。可是魏徵却不同意，他说："我朝开国就立下了男子二十岁当兵，六十岁可免的规定。怎么能随便更改呢？"唐太宗很生气，说道："你这个人啊，就是固执。"魏徵继续说："陛下，把河水放光，肯定能抓到很多的鱼，但明年就不会再有鱼啦。如果把十八岁以上的男青年都拉去当兵，那么谁去耕种土地、交纳赋税？国家又怎么能强盛起来呢？"唐太宗这才猛然醒悟，马上收回了诏令。

还有一次，唐太宗想把某位大臣的女儿纳为妃子，把册封的诏书都写好了。这时候有人来说了句："那姑娘不是已经订婚了吗？"

这话让魏徵听到了。他立即跑去劝告唐太宗，说道："陛下，住在宫殿里，就应该希望百姓有安身的房屋。陛下有了妃子，就应该希望百姓也有称心如意的婚姻。而现在陛下要把和别人订过婚的姑娘抢过来，怎么能让人家的父母愿意呢？"唐太宗听他说得有理，马上取消了册封。

　　魏徵去世后，太宗对他追思不已，赐给实封九百户。有一次上朝时，太宗感叹道："夫以铜为鉴，可以正衣冠；以人为鉴，可以明得失；以史为鉴，可以知兴替。朕尝保此三鉴，内防己过。今魏徵逝，一鉴亡矣。"意思是，用铜做镜子，可以整理好一个人的穿戴；用历史作为镜子，可以知道历史上的兴盛衰亡；用别人作自己的镜子，可以知道自己每一天的得失。我经常用这样的方式防止自己犯错，但现在魏徵去世，我少了一面镜子。

忠信：燕青对卢俊义的忠和信

《水浒传》中，好汉们之间的忠义故事数不胜数。"忠义"二字也深深地刻在了读者的心间。这里，要说一说燕青对卢俊义的忠和信。

若说卢俊义被逼上梁山那一段，李固叛主、贾氏叛夫让人感到世态炎凉，燕青的忠心护主、诚实守信足以让我们感到欣慰。

卢俊义从梁山回到家中，并不知家中变故，可正碰上沦落为乞丐的燕青，他看到燕青"头巾破碎，衣裳褴褛，看着卢俊义纳头便拜"。

燕青说："自从主人去后，不过半月，李固回来，对娘子说道：'主人归顺了梁山泊宋江，坐了第二把交椅。'当时便去官司首告了。他已和娘子做了一路，嗔怪燕青违拗，将我赶逐出门。将一应衣服尽行夺了，赶出城外。更兼分付一应亲戚相识，但有人安着燕青在家歇的，他便舍半个家私和他打官司，因此无人敢着小乙。在城中安不得身，只得来城外求乞度日，权在庵内安身。正要往梁山泊寻见主人，又不敢造次。若主人果自泊里来，可听小乙言语，再回梁山泊去，别

燕青

做个商议。若入城中，必中圈套。"

言语中间，李固的歹人之心与燕青的光明磊落形成鲜明对比。燕青句句实情，忠心可表，可卢俊义不信，反而把燕青踢倒。燕青念主人抚养教育之恩，不仅拿着乞讨来的自己舍不得吃的东西去探监，还在卢俊义发配途中保护，归依梁山后也多次救卢俊义于危难之中。

历史上这样的例子很多，关羽的忠信、文天祥的忠信、朱自清的忠信等。但信有大信，当以天下为本；忠有小忠，唯以一主从命。燕青对卢俊义的忠信，从这个意义上来说，是小忠，是小信。它们与大忠、大信比起来，好像不足挂齿。可是，只有经得起小忠、小信的考验，无数个小忠、小信累积，对家庭忠信、对朋友忠信、对集体忠信，才能对国家忠信、对人民忠信。

忠信是立世之本。自古以来，忠信就是修身养性的大课题。孔子始终用"文、行、忠、信"来教育他的学生。《论语》中说："子以四教：文、行、忠、信。"己欲立而立人，己欲达而达人。孔子认为"忠"表现于与人交往的忠诚老实。信，是儒家的"五常"（仁、义、礼、智、信）之一，即诚实守信指待人接物的诚实无欺、言行一致的态度，这是做人的根本。不讲信用的人必将被社会所淘汰。《说文解字》解释："信，诚也。"唐代著名学者孔颖达在注疏《礼记》中"讲信修睦"这句话时说："信，无欺也。"《辞海》中解释"忠"是"忠诚，尽心竭力"，就是对国家、社会、父母、朋友要永葆忠诚，对人对事尽心竭力。"信"即是"诚"，"忠"即是"诚"，因此"忠"和"信"都包含着"诚"。孟子曰："诚者，天之道也；思诚者，人之道也。"仅此便知诚信与人、与社会的密切关系。诚信是人与人之间相互合作交往的桥梁，是社会运转的基石。没有诚信，谈不上合作，更谈不上社会的运转。

"信"是一个人立身之本，如果没有"信"，也就失去了做人的基本条件。就今天而言，几千年精神文明的积淀，其中仍有值得我们世代继承和发扬的丰富内涵。"忠""信"是中华民族几千年的道德准则，也是几千年来中华民族的传统美德，是中华优秀传统文化的精神。随着时代的不断发展和变化，"诚实守信"也不断赋予体现时代精神的新内涵。诚信对于人们的行为来说就好像划船必须用桨。没有船桨怎么能渡河呢？许多人正是因为自己诚信无欺的美德得到他人的重视和重用。诚信，便是要做到内不欺己，外不欺人，始终忠信不渝，即使有损自己利益，也不要失信于人。

诚信是一个时代的标志，需要人们去维护。但是在经济、文化现代化的今天，许多人试图犯规，妄想打破诚信，为了个人一时的私欲谋取经济一时的发展，却总是无功而返，还因此付出沉重的代价。这就是诚信的规则。

诚信无欺作为基本的道德准则，要求人们从事各种职业均需以信成之。它是人们在职业活动中都应奉行的道德准则。从教为师要做到"知之为知之，不知为不知"，不能误人子弟；行医治病要讲医德医术，"疾小不可言大，家易不可云难，贫富用心皆一，贵贱使药无别"。要之，一切只为真。这是诚信的标准，也是做人的原则。

对一个人来说，诚实守信既是一种道德品质和道德责任，更是一种崇高的人格力量。对一个企业和团体来说，它是一种形象、一种品牌、一种信誉，一个使企业兴旺发达的基础。对一个国家和政府来说，诚实守信是国格的体现。对国内，它是人民拥护政府、支持政府、赞成政府的一个重要的支撑；对国际，它是显示国家地位和国家尊严的象征，是国家自立自强于世界民族之林的重要力量，也是良好国际形象和国际信誉的标志。这也就是古人所说的"诚于中、形于外"，也即勿自欺、勿欺人。

诚实守信建设，还必须建立相应的诚信机制，如必要的规章制度和相应的赏罚措施。加强对诚实守信者的奖励、褒扬，以及对失信者的惩罚、曝光。建立各种形式的诚信档案，及时把个人、企业、团体的诚信与失信记录公之于世。运用现代化的各种传媒手段，形成浓厚的诚实守信舆论氛围等，使诚实守信能够深入人心，从而形成良好的社会风气。

仪式信仰篇

求子：祈祷新生命的象征

在传统思想里，子孙满堂是根深蒂固的家庭观念。因此，从缔结婚姻关系的那一刻起，祈求新生命的降临便成为十分重要的家庭事务。早生贵子是人们对喜结连理的新婚夫妻的最大祝愿。许多地方的婚姻仪式都渗透着求子的思维观念。女方嫁妆中的绣花被、绣花枕头上，一般都有寓意夫妻恩爱的鸳鸯戏水图案和象征连年多子的莲花图案。还要配置一对朱漆马桶，俗称"子孙桶"，桶内装五个煮熟染红的喜蛋，寓意"五子登科"。新房要铺床，在床上、被子里撒一些枣、花生、桂圆和瓜子之类的干果，寓意早生贵子。传统婚礼中，新郎新娘入洞房后，一般还有合卺、撒帐等仪式，许多具体的行为都表现出求子的意愿。此外，久婚未孕者更会通过各种途径寻求子嗣，因此各地都流传着自古传承下来、别具一格的求子仪式，如拴娃娃、摸门钉等。

重男轻女也是根深蒂固的生育观念，因此也存在很多专门为祈求男婴的办法。天津地区流行吃碰头蛋的习俗：如果妇女不生

民间求子　郑艳摄于山东

男孩，可托人找头胎生了男孩的人家，用男孩满三日的洗澡水浸泡鸡蛋，搅动水，然后找两个大端相碰的鸡蛋中的一个让求子者吃下，即可生男孩。中国台湾则流行"换肚"的习俗：如果出嫁的女儿一直生育女婴，娘家会在产下女婴后的十天内挑选吉日，将糯米塞入猪肚，炖熟后放入新茶壶内立即送到女婿家中。夫妻吃完猪肚，将茶壶放在床铺下保存，表示女方已经"换肚"，保证能生男婴。

在祈求、孕育与诞生新生命的过程中，饮食是极为重要的一个环节。《礼记》中言："夫礼之初，始诸饮食。"又言："饮食男女，人之大欲存焉。死亡贫苦，人之大恶存焉。故欲、恶者，心之大端也。人藏其心，不可测度也。美恶皆在其心，不见其色也。欲一以穷之，舍礼何以哉？"也就是说，礼俗事实上起源于人们对于饮食行为的规范。人的善恶很难揣测，需以"礼"来调整与约束，使其在欲前有所止，在恶前有所取。

人们最初对于生殖繁衍并没有清楚的认知，而是通过对动物的观察认为天地万物皆为卵生。《史记》里有简狄吞燕卵生契的记载："殷契，母曰简狄……三人行浴，见玄鸟堕其卵，简狄取吞之，因孕，生契。"玄鸟即为燕子，也有传说简狄看到的燕子蛋为五色彩卵，觉得好奇而吞。因此，很多地方的人们在清明节的时候将各种鸡蛋、鸭蛋、鸟蛋等煮熟并涂上各种颜色，称其为"五彩蛋"，然后投到河里，顺水冲下。等在下游的人争捞、剥皮而食，食后便可孕育。云南鹤庆一带的白族妇女，每逢春耕前多到河塘祈子。祈子者手握两个煮熟的红鸡蛋，到塘里沐浴，并用红蛋滚擦身体，回家后与丈夫分食。朝鲜族婚礼里也有相关的习俗：一般在新婚之夜，新郎住在女方家里。第二天，两位新人吃饭的碗里会有两个鸡蛋，由新郎和新娘各吃一个，代表可以生儿育女。

除了蛋，还有枣、桃、菜、瓜可以作为求子的吃食。宋代《梦粱录》中多有记载春季妇人在水盆中争枣祈子的习俗。《清稗类抄》记载广州地区的人们偷食莴苣（粤语称生菜）以求子嗣的习俗。

卵也好，瓜也罢，吃食求子所选择的食物皆有一定的象征意义。这些都是因为早期人类不了解生殖过程，对其进行错误阐释。如今，虽然人们已经不再相信饮食之于怀孕的直接功效，但吃食所内含的期待与希望仍在。

怀胎：孕育新生命的禁忌

"十月怀胎，一朝分娩。"整个孕产过程是极为重要的人生阶段。在传统社会，人们相信在怀孕生产的女性周围既存在守护生命的神明，也存在伺机侵害的恶煞，因此必须通过一些手段或是仪式进行趋避，以护胎保产。

怀孕期间，母亲是新生命孕育过程中汲取营养的唯一来源。因此，孕妇的饮食习惯是受到严格控制的。很多食物成了禁忌品，其中包含着人们长期生活经验的总结，也有想当然的附会。

忌吃胡椒。《本草经疏》中有："胡椒，其味辛，气大温，性虽无毒，然辛温太甚，过服未免有害。"《随息居饮食谱》则强调："多食动火燥液，耗气伤阴，破血堕胎，故孕妇忌之。"因此，怀孕之人不能过多食用。

忌吃桂皮。《本草纲目》中有曰："桂性辛散，能通子宫而破血。"因此，怀孕妇女是不能食用桂皮的。

忌吃苋菜。《本草纲目》中有苋菜滑胎的说法，而《饮食须知》

当中也记载："苋，妊妇食之滑胎，临月产食之易产。"由此可见，孕妇足月临产时食之是最适宜的。但同时又指出，苋菜具有滑利之性，所以早起妊娠的孕妇应该忌食。特别是有流产倾向或是有习惯性流产史的人更应该忌食。

忌吃慈菇。《随息居饮食谱》明确指出："功专破血，通淋，滑胎，利窍。多食动血，孕妇尤忌之。"因为慈姑有活血破血、滑胎利窍之品，对妊娠不利。

忌吃螃蟹。《名医别录》中记载"蟹爪，破包坠胎"，说吃蟹爪会导致流产。《本草纲目》中也认为"蟹爪，坠生胎，下死胎"，说蟹爪容易流掉活胎，有助排出死胎。《妇人良方大全》称"食螃蟹，令子横生"，意思是吃螃蟹令胎横导致难产。

忌吃鲤鱼。《千金方》中载："妊娠食干鲤鱼，令子多疮。"时至今日还有一些地方仍禁止孕妇吃鱼，认为会使婴儿皮肤不好。

忌吃兔肉。《论衡》中有"妊妇食兔，子生缺唇"的说法，《博物志》中也有"妊娠者不可啖兔肉，又不可见兔，令儿缺唇"的记载。孕妇不能吃兔肉，否则生出来的孩子会长三瓣嘴。这一说法在我国流行甚广。唐宋以降的各类医书中皆有相关记载。

忌吃鳖。《千金方》中有妊娠食鳖令子短颈的说法。孕妇不能吃鳖，否则生出来的孩子没有脖子，这大概是老鳖常常缩脖的缘故。

汉族孕妇忌吃狗肉，否则将来孩子爱咬人；忌吃驴肉、马肉，否则生下的孩子夜里会哭；忌吃河蚌肉，孩子才不滋舌头；忌吃猪头肉，孩子不生疮；忌吃鸭肉，否则孩子会得摇头病；忌吃生姜，以防婴儿六指。侗族孕妇忌吃葱蒜、羊肉、牛肉，否则婴儿将来会有狐臭，会成哑巴。朝鲜族孕妇忌吃章鱼，否则会生出没有骨头、又懒又蠢的子孙。怀孕后，孕妇需要注意调整饮食习惯，多吃鸡肉、猪肉、鱼等滋补食物，适量食用水果蔬菜，保证腹中胎儿所需营养。另外，随着现代健康观念的普及，不少孕妇还会在怀孕期间吃一些保健品，如叶酸、钙片等，以促进胎儿的生长发育。

由此可见，孕期妇女的饮食有着极为严格的规矩和极具联想力的阐释，虽然有些部分过于演绎化、夸张化，但是仍然表达了人们优生优育的愿望，以及人类在社会发展过程中对于自然和自身认识与理解的不断深化和丰富。

为了安全起见，一般来说，妇女自怀孕起，便只需安心养胎，不用做家务。家人也会考虑到家中的孕妇而特别注意某些禁忌行为。比如，按客家人的说法，孕妇不能在床底下放生姜，否则生出来的孩子的脚会跟生姜的形状一样，变形、粘连。孕妇不能在房间里放置剪刀等锋利器物，以免刺伤"胎神"，致使生出来的孩子有缺陷。孕妇不能触碰针线，更不能缝衣服，否则生出来的孩子会没有屁眼或者嘴巴粘连在一起。孕妇的居所不能钉钉子，否则生出来的孩子身上会有一个小洞。据说有个小孩出生后心脏有个小洞，需要动手术，就是因为其母亲怀孕时家里有人在墙上钉钉子，刺伤了胎神。孕妇的居所不能刷油漆，否则生出来的孩子身上会带有黑痣或黑点。

孕妇的房间不能浇开水，否则会将腹中的胎儿烫死，致使产妇流产……孕妇的禁忌尤多，需处处谨慎。

据调查，在怀孕期间，夫妻是可以同房的，但是也有不少注意事项。一般来说，在怀孕的初期，应减少同房次数。因为此时胎儿还不够稳定，过度的夫妻生活可能会造成流产。在怀孕中期，胎儿较稳定，可以进行适当的夫妻生活，让孕期夫妻感情融洽，使孕妇心情愉悦，从而促进胎儿的生长和发育。而在怀孕晚期应尽量避免夫妻生活，因为此时孕妇身体较为笨重，身体负荷大，受到刺激或轻度冲击都容易引起子宫收缩，引发早产的不良后果。在孕期，丈夫应多关爱妻子，避免发怒等不良情绪，以免影响孕妇的心情，进而影响胎儿的健康发育。孕妇和丈夫应注意保护好孕肚，不能用力压迫或者使其受到冲击，以免危害孕妇和胎儿的健康。另外，孕妇不能参加丧礼、不能去墓地等不吉利的地方，以免沾染晦气，对腹中的胎儿不利。

分娩：催促新生命的力量

十月怀胎，一朝分娩。孕妇步入孕育的最后时段，便开始进行生产的准备，这也是整个孕育阶段最为重要的环节。对于产妇而言，生产的过程充满未知与凶险，因此人们也会在趋吉避凶的心理驱使下采用一些催生或是顺产的方法，使得胎儿顺利降生。

赠送各类食物是母亲为产妇催生最常用的办法，一般送一些有利于滋补的高蛋白肉食及含有大量矿物质的果品。现今，江浙一带仍然流行送催生礼的习俗。江苏地区，产妇的母亲送催生蛋到女儿家，要煮熟剥皮后藏在面条中给女儿吃，可以顺产。浙江南部地区，产妇的母亲要送"快便肉"，一般多为一寸见方的肉块，不偏不倚、方方正正，烧熟焖烂后由母亲亲自端给产妇吃，寓意顺顺利利、规规矩矩地生下宝宝。山东胶东半岛地区也流行送催生蛋。产妇的母亲需送去十个染红的熟鸡蛋，产妇则要坐在门槛上一口气吃光。湖北一带则流行送猪肚，将完整的猪肚清炖后让女儿吃下，便能顺利地分娩。陕北关中一带送包子。产妇要倒坐在门槛上吃包子，吃得越多越好，据说可以避免难产。陕西韩城送"角子"，即包有馅的馍，一般在临产前半个月送，"角子"谐音"脚止"，意思是不要再四处走动，以免惊动胎气。侗族孕妇临近分娩时，母亲一般会在产前二十一天左右，煮好大米饭，包上炒肉和煎蛋，送给女儿吃，一次无效会接着再送，每隔七天送一次。

赠送食物用以催生是比较常见的孕期习俗，但是在不同的地方，食物的种类、数量和制作方式皆有不同的规定及其特有的含义。一般说来，就是通过赠送的形式来寄托娘家人对于产妇顺利分娩的愿望，希望产妇吃下这些食物之后可以滋补身体，并且获得家人精神支持的力量。

初生：分享新生命的喜悦

  婴儿呱呱坠地，新的生命终于安然无恙地来到人世间。产妇家便开始四处奔走，与亲戚邻里分享添丁进口的喜悦。报喜一般由女婿担当，报喜的对象主要是产妇娘家：一则因婚姻缔结的主要目的是生儿育女，新生命降临之后要立即通知产妇娘家；二则因生产过程极具风险，报告顺利生产的消息以免产妇娘家牵肠挂肚。

  在各地的报喜习俗中，蛋是比较常见的馈赠品，而且经常以煮熟并染红的鸡蛋为主。山东郯城一带，喜蛋的个数一般要带九，并放一个生鸡蛋在最上面，寓意已经顺利分娩。安徽淮北地区用红鸡蛋个数的单双来暗示婴儿性别，一般单数为男孩，双数为女孩。广州旧俗也是生男孩送单数，送女孩则送双数。河南开封一带则有所不同：如果是男孩，要送六个或是八个，还要在红蛋的一头点一个墨点，表示"大喜"；如果是女孩，要送五个或是七个，表示"小喜"。据说男孩用双数意味着好找媳妇，女孩用单数则是好嫁出去。江浙、湖北等地则是直接拎鸡报喜：生儿子拎公鸡，生女儿拎母鸡。

报喜之后，这只鸡不仅不能留下，还要配上一只性别不同的鸡一起带回去，表示新生儿今后可拥有好姻缘。

除了蛋，面也是常见的报喜之物。山东海阳一带即送一碗喜面，婴儿出生的第十二天归还空碗时需添一角六分钱的硬币，预示日后多财。江西的一些地方，喜面需用肉做臊子，而且面条碗数必须为双数。此外，为了表示庆祝与喜悦，酒也常用来报喜。浙江丽水地区流行"报生壶"，即女婿提内装黄酒的锡壶，壶嘴上插柏树叶或万年青，寓意"长命百岁"。生男孩在壶嘴上系红头绳，生女孩则不装饰。四川成都也有以酒报喜的习俗，进门之时，壶嘴向里则为男孩，壶嘴向外则为女孩。中国台湾地区也有"报酒"的习俗，婴儿出生后三天以"鸡酒""油饭"祭拜祖先，之后便将食物的一部分送往娘家和邻里。一般收到"报酒"的人都会送一篮白米。苗族是由婴儿的爷爷带着一瓶酒和一袋炒面报喜，亲家则带着一只鸡（男孩带公鸡，女孩带母鸡）、鸡蛋和衣服随之看望。彝族则是由女婿带着一瓶酒、一只鸡（男孩带母鸡，女孩带公鸡）报喜，岳父岳母收下鸡后会换一只性别不同的鸡再由女婿带回。

在山东临沂地区，报喜的方式是挂红子——在新生儿家门口挂上一块红布，来标示这家有新生儿出生。红子一挂，来往的人就知道这家人添了孩子，而且从红子上的配饰来判断男孩女孩。红子为方形红布（家族中有去世的人，没有过三年丧期的需要用蓝布），上面是弓就跟射箭是一样的。弓是用桃树枝做成；两个大蒜，七根梃子（梃子就是高粱秆。一般用红色的高粱秆，把一边的凸出部分比作为箭头），也就是七支箭。底下坠有一对明钱。小女孩没有蒜。现在都一样的了，但以前的时候都会讲究这些事情。现在有的人家只是到市场上扯块红布挂在门上。红子在新生儿出生的第三天的早上挂，挂在大门口的左边门庭上，有时候也会区分一下，男左女右。一般是头胎挂红子，二胎不挂红子。红子的悬挂时间约为一个月，到满月的那天早上就摘下来了。摘下来的红子就随便处理了。

在晋东南地区，捏花馍、送花馍是婴儿出生后的一项重要民俗活动。在婴儿生下第三天，外婆家制作一个虎头圈状花馍送往产妇家中，摆放在产妇屋子的窗台上，可遮挡邪物。在婴儿生下第七天或是第十二天，外婆家还要送单个老虎形状的花馍。

姻亲和乡邻得知新生命降临的喜讯之后，也会回赠一些礼物，用以庆祝，也称"贺喜"。在长江中下游、黄河中下游、淮河等流域比较流行的贺喜习俗称为"送祝米"，缘于贺喜之物多以大米为主要礼品，还有一些滋补产妇身体的食物：母鸡，有滋

花馍　郑艳摄于山西

阴补血的功用；鸡蛋，易于消化、吸收；鲫鱼，可使奶水充足；红糖，性温补血；猪肚可壮胃；猪心可定神；猪蹄壮筋骨。

无论是报喜还是贺喜，都是人们为了分享新生命到来的喜悦而产生的社会习俗，其所使用的物品不仅具有滋补身体的功效，还带有殷切的期望与祝福，是人们表达情感的需要。

新生命顺利降临之后，同时开始了漫长的哺育期。《礼记》言"食子者三年而出"，说明传统社会哺乳的时间很长。在这期间，母亲的奶水是婴儿健康成长的主要食物来源，因而民间也有很多催乳的良方。

一般来说，产妇分娩后亲戚邻里探望时都会带些利于哺乳的食物，如鸡、蹄髈等。闽台地区尤其重视吃鸡。条件允许的话，产妇几乎每天吃一只鸡。如果是客家人，一般要以雄鸡炒姜酒，可以祛风活血。在陕西潼关地区，产妇回娘家时，母亲要煮鸡肉，等女儿返回婆家时还要送一个"送奶馍"。四川各地则流行送"汤米罐"，即由娘家派一位德高望重的老年妇女用瓦罐灌米汤送到男方家里，寓意奶水充足。旧时还流行一种"开奶"的习俗，即婴儿出生后先吃别家妇女的奶水。苏北地区在"开奶"时还会在奶水里滴上几滴墨汁，希望孩子长大后可以有文采，与俗语所说的"喝点墨水"如出一辙。当然，对于产妇无奶或是少奶的情况，民间也有一些食疗的办法。《千金方》曰："治乳无汁方：取母猪蹄一具粗切，以水二斤，煮饮汁，不出更，作。"《广利方》则是："母猪蹄一具，通草二分，切，以水大四升，煎二大升，去滓，食后服一盏，并取此汁，作羹粥煎得。"可见，民间治疗无奶的偏方多采用母猪蹄和中草药配制成药膳。

哺乳期间，婴儿多以母亲奶水为主食，但随着孩子长大，便开始杂以各种辅食以满足身体生长的需要，如米粉等。古人称这种习俗为"哺谷"。在浙江南部地区，"哺谷"又叫"开荤""叨光"。荤食来自人丁兴旺的人家办喜事所余，以少量鸡鸭鱼肉或汤喂养婴儿，认为这样可以迅速成长、不得疾病。

育婴：护佑新生命的成长

最伟大的创造莫过于创造生命。从怀胎十月到婴儿落地，一个新生命的诞生可谓历经重重难关，其间有无知与无助，有胆怯与迷茫，也有着无须言说的期待与渴望。于是，养儿育女的那些事儿，多少都带有些神圣的仪式感与使命感。诞育礼仪是中国传统的生命礼俗之一，是人的生命起始阶段举行的重要仪式，一般在初生、三朝、满月、百日、周岁等时间段进行，虽然各地区、各民族的礼俗形式不尽相同，但是都具有对于新生命的欢迎与祝福的含义。

新生儿期是生命的初始阶段，比较娇嫩脆弱，需要精心呵护。古时，受鬼神等传统观念的影响和医疗水平的限制，衍生出一系列的仪式，目的是希望娇嫩的生命健康成长。

婴儿出生后第三天举行庆祝仪式，一般的形式为"洗三"，又称"洗三朝""汤饼会"等，主要是会集亲友，顺祝婴儿健康成长。

"洗三"的风俗由来已久，唐代就已有相关记载。唐玄宗时，章敬吴后生代宗后，玄宗在第三天亲临观看其孙代宗洗澡。杨贵妃也曾以锦绣裹安禄山，戏称杨贵妃三日洗儿也。宋代开始，"三朝"又加入落脐（脐带脱落）、灸囟（囟门针灸）的仪式，表示完全脱离孕期，正式进入婴儿期，因而成为十分隆重的诞育礼仪。据苏东坡说，宋时闽地百姓三日洗儿，佳人及客都戴葱、钱，以祷祝此儿聪睿、进财。苏轼添第四子亦曾洗三，并祝贺朋友孙子的洗三礼。整个两宋时期，君臣都有很高的文化水准。梅尧臣儿子洗三时，欧阳修等人往贺，但都不具财礼，而是一人一首"贺洗儿诗"；梅尧臣答谢时也不发洗儿钱一类，同样是以"洗儿诗"相酬。

清代《道咸以来朝野杂记》："三日洗儿，谓之洗三。"据说，这样可以洗去婴儿从"前世"带来的污垢，使之今生平安吉利。同时，也有着为婴儿洁身防病的实际意义。旧时，"洗三"仪式通常在午饭后举行，由专门以接生、洗三为职业的中老年妇女（人们习惯地称她们为"收生姥姥"或"吉祥姥姥"）主持。首先，在产房外厅设香案，供奉碧霞元君、催生娘娘、送子娘娘等十三位神像，在产房的炕头上供炕公、炕母。婆婆上香叩首，收生姥姥亦随之三拜。沐浴一般用温水，也有用具有象征意义的材料熬煮的汤水。比如，用艾虎汤，取辟恶气之意；用姜葱汤，取"强壮""聪明"之意。然后，主家将盛有温水的铜盆及一切礼仪用品摆在炕上。收生姥姥把婴儿抱起，"洗三"拉开序幕。主家依长幼尊卑往盆里添一小勺清水，再放一些钱币，谓之"添盆"。此外，还可以添些桂圆、荔枝、红枣、花生、栗子之类的喜果。添盆时，收生姥姥一般都有套固定的祝词，你添什么，她说什么：添清水，她说"长流水，聪明伶俐"；添些枣儿、桂圆、栗子之类的喜果，她说"早儿立子""连生贵子""桂元、桂元，连中三元"。

"添盆"后，收生姥姥便拿起棒槌往盆里一搅，说："一搅两搅连三搅，哥哥领着弟弟跑。七十儿、八十儿、歪毛儿、淘气儿，唏哩呼噜都来啦！"这才开始给婴儿洗澡。如果孩子受惊哭了，不但不犯忌讳，反认为吉祥，谓之"响盆"。一边洗，还要一边念叨祝词："先洗头，作王侯；后洗腰，一辈倒比一辈高；洗洗蛋，作知县；洗洗沟，做知州。"随后，用艾叶球儿点着，以生姜片作托，放在婴儿脑门上，象征性地灸一灸。洗罢，把孩子包好，用一棵大葱往身上轻轻打三下，说："一打聪明，二打伶俐。"随后叫人把葱扔在房顶上，祝愿小孩将来聪明绝顶。拿起秤砣比画，说"秤砣虽小压千斤"，祝愿小孩长大后在家庭、社会有举足轻重的地位；拿起锁头三比画，说"头紧、脚紧、手紧"，祝愿小孩长大后稳重、谨慎。仪式完毕后，主家宴请亲朋好友。所谓"汤饼"，即是汤煮的面食，当然食物并不仅限于面食。

河南地区洗三时还要加一个滚鸡蛋仪式，即将鸡蛋从婴儿头上滚过，经过手、脚，边滚边唱："滚滚头，一生不用愁；滚滚手，富贵年年有；滚滚脚，将来能登科。"广州旧日请亲朋好友饮三朝茶，吃甜醋煮过的鸡蛋和姜；湘西侗族叫吃"三早晨"，得到邀请的邻居们需携带鸡蛋和一两碗米；土家族除洗三、添盆外，还有上族谱的仪式。

满月，又称"弥月"，男孩30天、女孩29天时，主家办酒席，亲友需送些食品、衣物、首饰等庆贺。一般来说，满月所送的礼物也是哺育阶段经常使用的，大多包含两类：一是送给产妇的，如鸡蛋、米、面、肉类等，主要是望其身体健壮，从而给新生儿提供更好的奶水；二是送给孩子的，如项圈挂锁、虎枕虎鞋、礼馍花馍等，主要是祝愿新生命健康成长。

满月之日，一般还要举行剃头礼，又叫"落胎发""绞头"等。剃头礼举行前要查看历书，找准吉时。剃头礼主要由新生儿外婆家主持，由外婆家赠礼，布置礼堂，请"全福人"（父母、配偶、子女全有的人）抱婴儿坐在礼堂中央，由剃头匠人为婴儿剃去胎发。剃头的规矩很多，要先备妥葱、红鸭蛋、红鸡蛋、石头、金锁片、铜钱在浴缸内，剃头前须先为婴儿沐浴，并用红鸡蛋及鸭蛋在婴儿头上轻轻滚动三次，取其"红顶"，希望他平步青云、功成名就；红鸡蛋有再生、繁殖及圆满之意，也希望婴儿长个鸡蛋脸；红鸭蛋希望他长得高壮的寓意。而葱取意"聪明"，石头取意"压胆"，期待小孩头壳快快长硬如同石头般坚硬、健壮；金锁片及铜钱取意财运及好运、大富大贵。黑龙江西部的蒙古族需由宾客依次为婴儿剪发，并诵吉祥语："打开金剪为你首次剪胎发，你的叔伯祝你富贵荣华；打开银剪为你初次剪胎发，你的舅表祝你福禄腾达；打开铁剪为你第一次剪胎发，你的亲友祝你前程如霞。"

婴儿的"胎发"又称为"血发",受之父母,除了要留一些表示对父母的尊敬、孝道,剃下来的"胎发"也需要谨慎地收藏起来。绍兴一带把剃下的头发搓成一团,装在由外婆家送的金丝或银丝打的络里,挂在床前,保存起来;杭州地区,胎发要悬挂高处,以求孩子有胆量;苏州地区,胎发用红绿丝线穿起,并挂小铜钱,辟邪压惊;广东东莞则要由母亲或婆婆用红纸包裹好,珍藏起来,不能轻易丢失;广东富阳地区,胎发与猫毛、狗毛一起用红纸包起,系上红绿线保存起来。

民间长命锁 郑艳摄于山西

通常情况下,婴儿满月或周岁时还要佩戴长命锁。从材质上来看,长命锁有木质、石质、玉质、象牙质、金质、银质、铜质、铁质等,其中以象牙质、玉质最为贵重,以银质最为普遍。从形制上来看,长命锁有如意卷云形、元宝形、长方形、麒麟送子形、扁食形(又叫作饺子锁)等形状。锁上通常采用浮雕方式铸有"长命富贵""三元及第""百庆""金玉满堂""多子多福"等吉语，以及麒麟送子、柏枝、石榴、花草、刘海戏金蟾、福寿图等吉祥图案。临汾地区讲究在孩子满月时由姥姥送"麒麟送子"锁。其形状为孩童骑在麒麟之上，手里拿着一面旗子，链子挂两个胖娃娃，下缀四个铃铛或白菜。

成丁：生命的社会性表达

成年礼是一个人跨入成年阶段时举行的仪式。《礼记》说："成人之者，将责成人礼焉也。责成人礼焉者，将责为人子、为人弟、为人臣、为人少者之礼行焉。将责四者之行于人，其礼可不重钦？"也就是说，人生长到一定年龄，性已经成熟，可以婚嫁，从此作为氏族的一个成年人，可以参加各项活动。古代中国，汉族男子成年实行冠礼，女子成年实行笄礼。

冠礼是古代中国汉族男性的成年礼。冠礼的主体部分，是依次将缁布冠、皮弁、爵弁等三种冠加于将冠者之首。缁布冠是一块黑布。相传太古时代以白布为冠，若逢祭祀，就把它染成黑色，所以称为缁布冠。这是最初的冠。先加缁布冠，是为了教育青年人不忘先辈。其次是加皮弁。皮弁的形制类似于后世的瓜皮帽，用白色鹿皮缝制而成，与朝服配套穿戴，要比缁布冠尊贵。最后加爵弁。"爵"通"雀"，爵弁所用质料与雀头的颜色（赤而微红）相似。爵弁最为尊贵。三次加冠，将地位最卑的缁布冠放在最前，地位稍尊的皮弁在其次，而将爵弁放在最后。每加愈尊，是隐喻冠者的德行与日俱增，所以"三加弥尊，加有成也"。

《礼记》说："礼义之始，在于正容体、齐颜色、顺辞令。容体正、颜色齐、辞令顺，而后礼义备。以正君臣、亲父子、和长幼。君臣正，父子亲，长幼和，而后礼义立。"人之所以区别于禽兽，是因为人懂得礼仪，而礼仪是以容貌端正、神色庄敬、辞令恭顺为基础的。要成人，首先要从教育开始。《礼记》说"冠者，礼之始也"，正是这个意思。刘向在《说苑》中说，冠礼的意义在于"内心修德，外被礼文"，是"既以修德，又以正容"，又引孔子的话说："正其衣冠，尊其瞻视，俨然人望而畏之，斯不亦威而不猛乎？"

古代汉族男子成年礼为冠礼，女子则为笄礼。《礼记》说："女子许嫁，笄而字。"可见女子是在许嫁之后举行笄礼、取表字。笄礼的年龄小于冠礼。《礼记》说："女子十有五年许嫁，笄而字。"如此，则许嫁的年龄是十五岁。如果女子迟迟没有许嫁，则可以变通处理。《礼记》郑玄注说："其未许嫁，二十则笄。"对笄礼的礼节，文献没有记载，学者大多认为应当与冠礼相似。到了宋代，一些学者为了推行儒家文化，构拟了士庶女子的笄礼，如司马光的《书仪》及《朱子家礼》都有专门的仪式。

女子行笄礼，古代多称"上头"。宋代，女子上头多安排在清明前两日举行。吴自牧《梦粱录》记：清明交三日，节前两日谓之寒食……凡官民不论小大家，子女未冠笄者，以此日上头。至明代，笄礼即废而不用，但其影响并未消失。在民间，笄礼逐渐消泯或与婚礼合并，使婚礼有了成年礼仪的含义。女子出阁时理妆被称为"上头"，且"修眉""开脸"都是进行婚礼前的理妆，代表成年这一意思。而大婚之礼本身就宣告了当事者的成人。作为婚礼的一部分，上头迟则在嫁娶之日，早则在婚前一两日进行。至今，许多农村女子婚嫁时，将头发挽束成髻，用簪子固定，与婚前发式明显不同。这也算保留了些许笄礼遗风。

作揖：日常社会交际中的礼节

　　"作揖"是古代社会交际中较为常见的礼节行为，至今仍在沿用。《说文解字》释"揖"为"攘也。从手，咠声。一曰：手箸胸曰揖"。"攘"即推，由此"揖"的意思也就是双手抱拳前举。《康熙字典》中又有"按攘同让。增韵，逊也"，也就是说"揖礼"表达的是人际交往中一种比较谦逊的态度，因而也有"揖让"的说法。一般说来，作揖时双手抱拳是有规定的，即右手握成拳头，左手五指伸开成手掌状，包住或者盖住右手，这样的作揖手势才是"吉拜"。相反的话，如果右手成掌、左手握拳，则为凶拜，这种作揖方式一般只用于吊丧之中。这种区别的源起也是一种诚意的表示，因为大多数人右手为主手，在攻击他人的时候主要使用是右手。作揖时左手在外，而将用于攻击的右手盖在里面，这与握手时通常使用右手的道理一样，是一种友好的表示与真诚的传达。

　　从历史上看，作为礼仪形式的"揖礼"大约起源于先秦。武王建立周朝后，为了彰显和维持天下太平的风气，各种礼仪制度开始制定并施行，是为后来的《周礼》。《周礼》中记载了有关"揖礼"的几种形式："孤卿特揖，大夫以其等旅揖，士旁三揖。""土揖庶姓，时揖异姓，天揖同姓。"汉代大儒郑玄对其作注时比较详细地描述了作揖的这几种形式：特揖即一个一个地作揖；旅揖指众人一起作揖；三揖即对众人一次作揖三下。这三者主要是在相对较大的使用范围介绍作揖的形式。土揖是推手前伸而稍向下，主要用于无亲戚关系的众姓；时揖是推手向前平伸，主要用于有姻亲关系的外姓；天揖是拱手前伸而稍上举，主要用于同族同姓。这三者主要是从比较细节的动作介绍作揖的形式。

除《周礼》的记载，古代文献中经常出现的作揖形式还有"拱揖""高揖""长揖""三揖"等等。

"拱揖"，即拱手作揖，由于两者都有手部的动作，因而经常被连在一起使用。南宋文字学家戴侗在其作品《六书故》中释"揖"为"拱手上下左右之，以相礼也"，意为作揖即是双手抱拳上下左右晃动的动作。清代学者阎若璩在对《论语》的注释中也提到："古之揖，今之拱手。"其实，拱手与作揖原本是两种不一样的礼节，拱手仅仅是拱手抱拳而已，而作揖一定要加上身体的弯曲动作。宋代学者王虚中在其儿童教育书籍《训蒙法》中即写道："揖时须是曲其身，以眼看自己鞋头。"对此，明末来华的意大利传教士利玛窦也描述过其所见的"作揖礼"：在正式拜访时或朋友们在街上相遇时，他们也如上述那样把手缩在袖子里，弯着腰低下头来。在几个人相聚在一起时，他们也同时进行这种日常的致意。这个习惯叫作作揖。正如利玛窦所写，明清时期人们服装的袖口一般都比较宽大，里面可以放些小的物品，所以作揖抬手时也会发生比较有趣的事情。

"高揖"主要是就行礼时举手的高度而言，双手抱拳后高举过头而作揖。《后汉书》有"延陵高揖，华夏仰风"，说的就是延陵季子以"高揖"为礼辞让王位，舍弃王室生活转而去种田，其高尚的品德得到众人的敬仰。《孔丛子》也有一则关于"高揖"的故事：孔子弟子子高游历赵国时遇到邹文和季节，两人与子高相交甚好。等到子高准备回鲁国时，邹文和季节痛哭流涕，一连送了三天也是依依不舍的样子，子高便"厉声高揖"，然后转身上路。后来，子高被其徒弟问及此事，他就不甚在乎地说："本以为那两个人是堂堂的男子汉大丈夫，没想到却像妇人一样！"

"长揖"则是就行礼的时间而言，时间越长也就表明态度越发尊重和谦卑。《阅微草堂笔记》中记载了一位端正严明的扶乩人士，借用法术来劝诫世人，因而受到人们的尊敬。"惟遇此仙必长揖曰：'如此方严，即鬼亦当敬。'"

"三揖"是就行礼的次数而言，一般三次较为普遍，但是次数越多越显得谦卑。《礼记》在写到主人迎宾礼时曾说："主人拜迎宾于庠门之外，入，三揖而后至阶，三让而后升，所以致尊让也。"也就是说，一般主人迎宾入门，作揖三次才到台阶，再谦让三次，然后才登上台阶入座。这种礼仪发展到后来更加烦琐。

　　除了迎与送，"作揖礼"作为一种比较日常的礼节行为，还经常用于表示感谢，如俗语常说的"隔河作揖，承情不过"。对于此，民间也有一个关于明末农民起义领袖李自成的传说：靳于中绰号靳尚书，尉氏县老人，曾在山西做官。一天，靳尚书在书房阅案卷，有人来报说捉住一个流贼。靳尚书当即升堂，只见堂柱上绑着一个威武雄壮的年轻人，从身材、相貌、年纪上看似悬赏捉拿的义军首领李自成。但那人一口咬定他是大王庄人，叫王小三，祖辈种田为生，没干过坏事。靳尚书有心支援义军，经过一番调查与审问，便将自称王小三的李自成无罪释放。后来，攻占北京城的李闯王报恩心切，备好礼品，带人直奔密县找靳于中，但是在离靳于中居住的靳寨一河之隔的地方碰到前去送信的人返回。信使呈上靳于中的回信。李自成下马拆开看信，见上面写道："吾本明旧臣，为避兵乱，隐居山中，将军亲临，多有不便，请三思。以我之见，不来为好，来日方长，后会有期。"李自成看罢此信，心中十分难过，沉思了一会儿，便面向大河彼岸的恩公府第，躬身施礼相拜，以表感谢救命之恩，然后驾马而回。从此，"隔河作揖，承情不过"这一成语问世，以表达人们的无尽感激之情。

　　此外，作揖作为一种比较常见的礼节行为，还常常出现在人们的日常生活中，以表达尊敬、歉意和祝贺，这一点在少数民族也不例外。比如，满族的特色饮食"酸汤子"又被称为"作揖饭"，其中也有一个有趣的传说：早年满族人家的灶旁墙上都供着灶王爷和灶王奶奶的神像。他们身着清代服饰，端庄而坐，两侧贴有对联"上天言好事。下界保平安"，横批"一家之主"。女人攥酸汤子，双手合在一起，身体一次次前倾，样子像作揖，给灶王爷、灶王奶奶作揖，所以酸汤子又被称为作揖饭。据说，因为攥汤子的妇女给灶王爷和灶王奶奶作了揖，吃酸汤子的全家人此日便会平平安安，事事顺心。

从传统文化的角度讲，"作揖礼"已有数千年的历史，包含了人们的观念与认识；从现代文明的角度讲，"作揖礼"也有其复兴与传承的必要性和功能性。当代寻根文学代表作家韩少功曾比较详细地归纳了作揖的好处：一是卫生，施受双方完全没有身体接触；二是省时，一拱手顷刻之间可以一当十乃至当百；三是优美，可以抬首挺胸、立身如柱、气宇轩昂、雄姿英发，伸出手高悬臂抱拳一合；四是自主，任何人想出手就出手，想什么时候出手就什么时候出手，完全不受对方目光及其眼神的制约。由此看来，"作揖礼"也不是没有继续施行的意义。

婚礼：生命繁衍的重要环节

婚礼，也称"昏礼"，因为旧时多在黄昏举行，是人生礼仪中的一种。婚聘之礼甚至可以追溯到甲骨文。3000多年前的周朝就已经有一套完整的"婚聘六礼"。婚礼是嘉礼的一种，载于《仪礼》《礼记》中，并且在《开皇律》《唐律》《宋刑统》《大明律》等历朝法典中得到推广，还影响了朝鲜、日本、越南等汉文化圈国家。

相传中国最早的婚姻关系和婚礼仪式从伏羲氏制嫁娶、女娲立媒约开始。到了夏商，又出现了"亲迎于庭""亲迎于堂"的礼节。周代是礼仪的集大成时期，彼时逐渐形成一套完整的婚姻礼仪，在《仪礼》中有详细规制。整套仪式合为"六礼"，与三书（即聘书、礼书和迎亲书）一起被合称为"三书六礼"，从此成为汉族传统婚礼的模板流传至今。后历朝历代的婚制多数是在此基础上变化而来。

中国民间婚礼仪式的核心是周朝制订的"三书六礼"。"三书"是结婚过程中所用的三种文书；"六礼"是结婚必经的六个程序。自西周以后，"三书六礼"的基本框架一直没有大的改变。到了北宋时期，朱熹将"六礼"简化为"三礼"，也即在今天尚在流传的求婚、订婚与结婚三大程序。"三书六礼"的主要流程是：

纳彩，即求婚，以大雁为礼物。若女方家收下，则被认为同意求婚。

问名，即问八字，媒人代男方家询问待嫁女子的名字和出生年、月、日，以便占卜。

纳吉，即测算男女双方姓名和生辰八字是否合适，意为通过"天意"定吉凶。如果是吉兆，男方家仍以大雁为礼请媒人通知女方家。

纳征，即订婚。男方家向女方家送聘礼，并且交给女方家第一份婚姻文书——聘书。聘书受法律保护：一旦女方家接受聘书或聘礼，此女子便不能再许嫁其他人；男方也必须在一定期限之内迎娶女子，否则要受到法律制裁。

请期，即选择举行婚礼的良辰吉日。通常由男方家选择，然后请女方家同意。请期要备下大礼，并在第二份婚姻文书——礼书中记载礼物的种类和数量。

亲迎，即新郎亲自到女方家迎娶新娘。亲迎时要送给女方家第三份婚姻文书——迎书。

古代成婚的年龄在各朝代并不相同。春秋时期，男子二十岁加冠，女子十六岁及笄，即可结婚；又谓"男三十而娶，女二十而嫁"，是为不失时。《汉书》中就明文记载："女子年十五以上至三十不嫁，五算。""五算"就是罚她缴纳五倍的赋税。其实，中国古代早婚的现象也很严重，如宋代曾有"凡男年十五，女年十三，并听婚嫁"的规定。《后汉书》中就记载班昭"年十有四，执箕帚于曹氏"。《汉书》甚至有"月余遂立为皇后，年甫六岁"的记载。但结婚的年龄一般是在20岁前后。

葬礼：生命去往另一个世界

葬礼是一个生命的终点。中国传统葬礼的主色调为白色，所以也有白事之称，与红事（喜事）相对。随死者的信仰和经济情况，整个过程经常伴有有关的佛教或道教仪式。

荀子十分重视丧葬礼俗："礼者，谨于治生死也。生，人之始也；死，人之终也。终始俱善，人道毕矣。故君子敬始而慎终。终始如一，是君子之道，礼义之文也。"荀子认为：死亡只有一次，则臣子对于君主、子女对于父母的敬重，在对待他们的死亡上体现得最为充分。春秋战国时期的丧礼烦琐而严格，其主要程序包括：

初终。临终者弥留之际，家属以纩放其口鼻之上验明是否断气。

复魂。招魂者拿着死者的衣服，拉长声音高呼死者姓名反复数次，然后给死者穿上衣服，以示挽留。

抚殓。招魂后把死者遗体安放到床上，用小型器具固定双足、撑开嘴巴，然后用殓衾覆盖尸体。

命赴。死者家属派人向亲朋好友报丧。

吊唁。亲友接到丧报后来吊丧并送来衣被。

沐浴。家属为死者洁身、剪下指甲等。

饭含、袭、设冒。家属把珠、玉、贝等放在死者口中（按照等级选取置放之物），穿上新衣，再用衾覆盖身体。

设重、设燎。家属用木牌刻成神主，置于中庭，象征死者亡灵，晚上燃蜡，便于亡灵享用供品。

小殓。一般人死后第二天正式着寿衣，进行小规模祭奠。诸侯五日、天子七日。

大殓。小殓后一天举行入棺仪式，进行大规模祭奠。大殓之后称"既殡"，不再设燎。

成服。既殡之后，死者家属按照血缘关系穿着不同等级的丧服。

朝夕哭、奠。下葬之前，每天一早一晚哭奠。

筮宅、卜日。家属请人占卦选择墓地和下葬的日期。

既夕哭。下葬前两天的晚上，家属对灵柩做最后一次哭奠。

迁柩。下葬前一天，家属将灵柩迁到祖庙停放，并进行祭奠。

发引。下葬之日，柩车启行，前往墓地。

下葬。灵柩被置于墓穴。

反哭。丧主将亡人神主带回，升堂而哭。

虞祭。反哭之后正式设置桑木神主。

卒哭。最后一次哭奠。

祔。卒哭后次日，奉死者神主于祖庙，与祖先一起合祭。

丧礼过后，亲属必须身着丧服为其守丧。《仪礼》规定，丧服有斩衰、齐衰、大功、小功、缌麻五种。最长期限为斩衰三年，乃诸侯为天子、臣为君、子为父、父为嫡长子所服。对此，荀子也有十分透彻的阐释。"三年之丧何也？曰：称情而立文，因以饰群，别亲疏贵贱之节，而弗可益损也。"也就是说，应该根据

民间棺椁　郑艳摄于甘肃

情感来确定礼仪。创伤比较大的恢复起来就长，而三年的服丧正是极度悲痛的表现。

举办过葬礼后，人们便相信生命去了另外一个世界。那里也生活着与人类相似的、形形色色的生灵，便是鬼魂。

鬼魂：灵魂不死的信念

　　人死为鬼，这是中国人的传统观念。《礼记》曰："大凡生于天地之间者皆曰命。其万物死皆曰折。人死曰鬼。"年节也好，平日也罢，祭祀的对象除了神仙，最大的团体当属鬼了。可是，真的有人见过鬼吗？还是，鬼只存在于人的想象世界里？

　　一般认为，鬼并非实际存在的物体，至少到目前为止尚未发现确凿的证据可以证明鬼的真实性。可是，源远流长的鬼文化却又可当作其存在的一种途径。

　　鬼魂观念与灵魂观念息息相关。人们在认识自我、认识世界的初始阶段，依靠丰富的想象力创造了几乎是世界万物存在的合理性与真实性。世界各原始民族都有着关于灵魂的生动描述：古希腊人认为，人的灵魂本质上属于另外一个较好的世界，当灵魂进入肉体以后，它并不记得以前的事情；古埃及人相信人具有超自然的精神或灵魂，可以部分地继续存在于个人生命终结之后。这些与古代中国的鬼魂观念极为类似。西安半坡仰韶遗址中共发现用于安葬夭折儿童的瓮棺七十三个。葬具以瓮为主体，另用盆作盖。这类盖盆的底部，往往有意凿出小孔。许多研究者认为这是为了给死者的灵魂留下出入口。原始父系社会后期以来的墓葬常见的人殉和厚葬现象，也反映了部落或氏族首领企求死后在地下世界仍然享受世间待遇的心愿。这不仅反映了灵魂观念，还明显地表现出阴间世界的观念。

自殷商时代开始，鬼便成为中国人观念中不可小觑的群体。甲骨文"鬼"为象形：上部像个很大的头（也有说是人的脸上盖着东西），下部则像跪着的身体。这反映了人们对于鬼源于人的认识。人死为鬼，成为中国的传统观念。"众生必死，死必归土，此之谓鬼。"可见人们已经把附着在活人身上的灵魂与死后的灵魂区别开来，以后者为鬼。

人死为鬼的观念，使得鬼有了善恶之分。鬼的善恶最早多与是否正常死亡相关。凶死者一般变为厉鬼，经常在人间作祟为害。比如，溺水而死者常常变成水鬼将过路者拖下水淹死，善鬼多与祖先崇拜相关，正常死亡的祖先可以在冥冥之中护佑族人。当然，随着鬼神观念的发展，恶鬼和善鬼的群体规模也有所扩大，并逐渐浸染了道德评判的色彩。

鬼非实物，所以每个人心里都有自己认为的"鬼样子"。因为是人死后变鬼，所以鬼的样子往往不如人好看。人怕鬼，可能跟它们过度夸张的狰狞面目有很大关系。

首先，鬼的五官十分惊人。有"无常鬼"，"青面高鼻红眼"；

有"樱桃鬼","头、目、面、发，无一不蓝"；有"太和之鬼"，"无身，有头，头长三尺，目大三寸，耳广七寸，眉广五寸，口广三寸，鼻大二寸，须长三尺，发长一丈，呼吸天炁，吐之成云"。

其次，鬼的肤色五彩缤纷。有黑色，"有黑毛一团，类人头发，自土中起，阴风袭人，渐起渐大。先露两眼，瞪睛怒视，再露口颐腰腹。其黑如漆，颈下血淋漓"；有红色，"肤体赤色，身甚长壮"；有绿色，"长三四丈，遍身绿色，眼中出血，口中吐火"；有白鬼，"匍匐而出，遍身雪白，两眼绿光，映日如萤光"。

再次，鬼的身材极尽夸张。有十分高大者，"长数丈，腰大数十围"；也有极其矮小者，"忽见鬼满前，而傍人不见。须臾两鬼入其耳中"。

最后，鬼的模样并不固定。鬼可以变化，因而并不只是以一种模样示人："常隐其身，时或露形，形变无常，乍大乍小，或似烟气，或为石，或作小儿，或妇人，或如鸟如兽。足迹如人，长二尺许；或似鹅迹，掌大如盘。开户闭牖，其入如神。与婢戏笑如人。"

古人描绘鬼的样子极尽夸张之能事，所以鬼有千形百态、千变万化：有眼无珠、有鼻无口、有手无身、有头无脑、有影无踪……鬼的模样从来没有固定的模式，所以"画鬼最易"。

鬼入人间一般都有行为意图可寻，且在不同的故事中，不同的鬼的行为并不完全相同。

首先，鬼即祸。一般说来，鬼的出现就预示着灾难的到来。《述异记》讲述的便是有鬼当街大叫，预言当权兄弟相杀、百姓遭灾的故事。鬼的这种预言行为是对人们"物异带来灾祸"观念的一种强化。也就是说，通常人们看到一些不合常理的异象时会产生大祸临头的想法，却无法具体获知灾祸的确切信息，而鬼是具备灵性的个体，它可以将这种灾祸的具体信息提前告知。更多的鬼则是对人进行摧残，或是直接索命，如《稽神录》里就有两个"青面朱发青衣"的索命鬼。这类鬼往往狰狞恐怖，肆虐地与人作祟，企图夺人性命，是最不受人欢迎的鬼，也是鬼中的大多数。

其次，人鬼情未了。人与异类的婚恋是颇为常见的叙事主题。对此，多数学者认为这是人们在想象中以一种叛逆的姿态宣泄自己的欲望。在我国古代社会，伦理思想对人性产生束缚和压制，让人们的欲望难以发泄，但人与异类的相恋、交合，使这一缺失得以补偿。在关于鬼的记载与描述中，这一情结也受人关注。第一篇"人鬼恋"的故事是《列异传》，讲述陌生少女与寒士谈生交好。少女要求三年不以灯烛照其身体，但两年后谈生违约，照出少女腰上已如人、腰下仍是枯骨的样子，于是人鬼缘尽。人鬼恋中最感人的是生死恋。这类主题同时也造就了一批痴情女鬼的典型形象，如《搜神记》里的紫玉、《牡丹亭》里的杜丽娘、《红梅记》里的李慧娘、《倩女离魂》里的张倩女等等。人鬼恋因其超现实性，往往可以尽情抒发爱情的自由本质，也是男性对于礼教束缚下的女性回归自然、奔放天性的渴求。

再次，小鬼作秀。这类鬼并不给人带来什么灾难，反而可以充当人们闲暇生活的调剂品。《纪闻》中有一则故事，讲述人在巴峡行舟，忽然听见朗咏"秋径填黄叶，寒摧露草根。猿声一叫断，客泪数重痕"，声音激昂、悲怆，以为是舟行者未寝。天晴后探访，才发现朗咏者是溪地中的一具人骨。此类鬼形象的出现当是文人借以抒怀的手段。自唐以来，文人开始着意创作小说，可以运用多种手法使得鬼的形象更加饱满，从而使故事的情节更加玄妙、引人入胜，同时也间接地表达了作者的个人情怀。另外，文人可以通过"行卷""温卷"以取得名人推荐，达到登科入仕的目的。由此，关于鬼的叙事也成为文人表现自我才华的一种方式。

最后，鬼报恩或是报仇。在思想钳制十分严重的等级社会，很多鬼被赋予了伦理道德教化的功能："德则其人，不德则其鬼。"《国语》有关于魏妾之父的鬼魂报恩的记载。此类传说在古籍及民间也比比皆是。鬼复仇更是极为常见的故事主题。比如，冤死鬼：伯有被子晳、驷带杀害，其亡魂变为厉鬼进行报复。明代传奇《焚香记》中女主角敫桂英不顾一切地爱上落难书生王魁，并助其得中状元，之后却遭抛弃，敫桂英便自尽而死，则冤魂变为厉鬼到阳间捉拿王魁复仇。

鬼具有类似于人的思想、情感、生活等，其特点既来自原始鬼魂观念的形塑，也受佛道二教的浸染，并包含着古代文人的自我意识。在统治力量和正统宗教的长期围剿下，鬼逐渐被异端化。与此同时，人们对待鬼的态度又彰显了人类自我意识的张扬。

我国古代小说对鬼的描写比较常见。鬼的出现实际上是一种宗教性思维模式和信仰意识的体现。例如，明人方以智在《物理小识》所言："何神乎？积想不已，能生胜气，人心无形，其力最大，是也。故曰：有体物之鬼神，即有成能之鬼神，即有作怪之鬼神。权在自己，正己毕矣，彼如我何？"由于原始宗教的思维模式作用，人们头脑中存在着关于鬼的观念意识，即人死后，生命力在另一个世界得以继续。

除了原始宗教思维模式的影响，后世流行的宗教信仰也为鬼文化增添了砝码。两汉以降，佛道二教开始在我国传播，其所持之观念对民众的思维和信仰产生了极大的影响。鬼有时为民间宗教所利用，因而成为统治者和正统宗教打击的目标。从政治动机上讲，传统中国是以儒家为正统的社会，儒家学说几乎奠定了整个封建王朝的政治理念和伦理秩序。在这样的思想文化下，任何不符合儒家经典的宗教，或者祭祀不在官府祀典中的神鬼，都有可能被冠以异端之名。尤其是鬼成为威胁到主流观念的重要力量时，势必遭到严厉打击。

到了唐代，文人开始有意识地进行文学创作，于是辑录、改写、创作了很多关于鬼的故事。文人运用多种创作手法使得鬼的形象更加饱满，故事情节更加曲折、引人入胜，同时也在鬼的故事中表达了作者的个人情怀，使鬼的观念烙印上浓厚的文人意识。从根本上说，随着社会的发展和科学的进步，人类对于自然界的认识和控制逐渐增强，其思维模式中所固有的"超自然"观念也就慢慢淡化。因此，鬼不仅因其带来灾祸而成为民众的"眼中钉"，也因其虚幻而成为文人的戏谑对象。一般来说，最初的叙述只是表现人们对于鬼的认识和想象，但在文人笔下，鬼有了特定的象征意义。文人通过描写鬼的种种表现和经历表达自己的观点和意见，以劝谕或警示世人。

鬼的信仰根源于原始宗教观念。在作为主流的儒家思想意识和佛道二教的打压下，鬼也逐渐被异端化、妖魔化，被塑造了特有的伦理定位和形象特点。"我们喜欢知道鬼的情状与生活，从文献从风俗上各方面去搜求，为的可以了解一点平常不易知道的人情，换句话说就是为了鬼里边的人，反过来说，则人间的鬼怪伎俩也值得注意，为的可以认识人里边的鬼吧。"所以，无论是不是相信鬼的存在，懂点鬼事抑或人情总是好的，况且尚有一句俗语："为人不做亏心事，不怕半夜鬼叫门。"

神兽：四方信仰的实物

　　中国古代的民间神话传说中有四方神兽：东青龙、西白虎、南朱雀、北玄武，又被称为"天之四灵"。为什么这么称呼呢？远古时期，人们对许多自然现象不是很理解，便认为有神奇的动物可以呼风唤雨、主宰宇宙，于是心中产生崇拜，所以奉这些动物为图腾。后来，人们又把天空的星象组成方位或地域，并附着上阴阳五行等术数内容而形成四方神兽的概念。事实上，这些神兽在现实中大多没有实际存在的个体动物形象，一般是多种动物的集合体，其常出现于传统宫殿装饰瓦当及铜镜上，起到祛邪、避灾、祈福的作用。

　　中国古代把天空里的恒星划分成为"三垣"和"四象"。"垣"是城墙的意思，"三垣"环绕着北极星呈三角状排列；而在"三垣"外围分布着"四象"；"四象"里又各含七个星宿，为二十八星宿。每一宫的七星宿，都跟一个对应的动物联系在一起，更加形象，更容易让人接受，即所谓的"东青龙、西白虎、南朱雀、北玄武"。后来古人又将其与阴阳五行相配，即青龙代表木，白虎代表金，朱雀代表火，玄武代表水。汉代非常流行四神纹，在漆器、石刻、砖瓦、铜镜等工艺品的装饰上有出现。"四象"在古代日本和朝鲜也极受重视，被这些国家常以四圣、四圣兽称之。道教兴盛之后，星宿被赋予了新的意义。二十八星宿是二十八位天神，它们的任务就是保护负责四方平安的神兽，辟邪恶、调阴阳。四神之中，青龙与白虎因为体相勇武，被人们当作镇邪的神灵，其形象多出现在宫阙、殿门、城门或墓葬建筑及其器物上。朱雀主要是代表幸福的意思，寄托人们过上幸福生活的愿望。玄武是龟蛇合体，代表长寿，表达人们能够长寿、长生不老的寄托。

青龙，也称为"苍龙"，是守护东方的神兽，其形象是由蛇头、鹰爪、鹿角、虎掌、牛眼、马鬃、鱼鳞等九种动物组成的。龙是中华民族的图腾，自黄帝受命于天、威泽四方，龙就成为中华民族的象征。传说苍龙是圣人的庇佑者，龙预示圣人的出现。《拾遗记》载：孔子出生时有两条苍龙自天而下，盘旋在孔子的母亲居住的房顶上。冬春之交，东方区域的星象呈现出一条龙的样子，后按阴阳五行给五方配色之说，东方色青，故名青龙。有一些帝王取青龙来作自己的年号，如三国魏明帝。

白虎是守护西方的神兽，也是神兽中唯一真实存在的动物。白虎是老虎的形状，而它的白是因西方在五行中配白色。古时认为白虎是吉祥的象征，即在天下出现仁君、国泰民安时，白虎才会出现。汉代，白虎一般出现在画像石墓的墓门上，或与青龙分别作为单独画像刻在墓室的过梁两侧，用以辟邪。东汉时在洛阳建有白虎观，后来还把处理军机事务的地方叫作"白虎堂"。白虎也被认作战神，所以有多位猛将被说成白虎星转世，如罗成、薛仁贵等。此外，白虎神还是我国湘西土家族的祖先神。土家族认为，其祖先死后，魂魄化为白虎，因此土家族以白虎为自己的祖先神。

朱雀是守护南方的神兽。朱是鲜红色，是火焰和太阳的颜色。古人在四象图画中描画太阳的时候，常常把在太阳里蹲着的那只鸟，画作长尾巴、羽毛绚丽的凤凰类。很多人将朱雀认作凤凰，但实际上朱雀与凤凰存在极大的不同：从形象上说，朱雀早期的造型尾巴很短，更像鹌鹑；从地位上说，凤凰是百鸟之王，而朱雀是天之灵兽，比凤凰更尊贵。此外，南方五行配红色，代表夏季。相传在很早以前，太阳躺在汤谷的一棵扶桑树上睡大觉，懒得出工，因此天下变成一个黑暗冰冷的世界。五谷不能生长，禽兽横行山林，黎民百姓惨遭洪水猛兽的祸害没有办法在世间继续生活。这消息被管天的西王母知道了，她非常生气，立即下令住在汤谷太阳宫里的南方朱雀去检查太阳的工作，让它按时出工。近代，由于受到西方不死鸟浴火重生神话故事的影响，很多华人也有把不死鸟当成朱雀的情况。

玄武是守护北方的神兽，是一种由龟和蛇组合成的灵物。古代人们把北方的若干星星想象为龟蛇形象，也称之为"玄武"。传说女娲创造了人类后，某年的一天天空突然露出个大窟窿，暴雨倾注，洪水泛滥，人类面临绝境。女娲见此便在黄河之滨炼五色彩石，把天空补好。女娲怕天空又再塌下来，到天涯海角捉来一只特大的乌龟（玄武），砍下它的四条腿立于大地四方，作为擎天之柱，把天空牢牢地撑住。这四条乌龟腿就化作顶天立地的高山，古人也就把山脉称为"玄武"。此外，玄武龟蛇合体，又被认为是水神，居北海，龟长寿，因此玄武也成了长生不老的象征。道教将玄武人格化为"玄武大帝"（后称"真武大帝"）加以崇拜，在供奉的图像两旁，多有龟、蛇。

在中国传统理论中，四神兽代表四方，具有驱邪、镇煞的作用，所以现代也有将其摆放在家中四正方或者雕刻在有四面的物体上，用来避灾、祈福。《礼记》载"行前朱鸟而后玄武，左青龙而右白虎"，所以在古代，青龙、白虎、朱雀、玄武是神秘力量的象征。皇帝居住的都城城门多是按照四神兽所在的方位建造的，如西安朱雀门是唐皇城的正南门。隋唐时，皇帝常在门下的朱雀大街举行庆典活动。北京紫禁城即故宫博物院的北门为玄武门，清康熙时为避玄烨讳，改称神武门，虽历经劫难，至今尚存。

精怪：形形色色的类人群体

在中华优秀传统文化的历史长河中，"怪"无论作为一种形象还是作为一种信仰，都可以说是源远流长、根脉悠远。"怪"这类民俗文化作为中国民众思想体系中不可或缺的重要部分，在老百姓的生活中被津津乐道，因而也受到了文人的广泛关注，由此，有关"怪"的记载也是卷帙浩繁。在我国，自小说发源之时，对于"怪"的记述与描摹就屡见不鲜。此后，随着古代小说文体的形成、发展及兴盛，关于"怪"的叙述更是数不胜数，"怪"逐渐成为中国古代小说中特色极为鲜明的一类艺术形象。

自古以来，无论是人们口头的传说故事，还是有资料可查的文字记载，都存在着极其丰富的关于"怪"的讲述与认识。也就是说，中华优秀传统文化具有长远的志怪传统，但在人们的想象与传述之中，"怪"依然被蒙上一层神秘的面纱，并没有一个十分确定的形象。从各种传说与记述中可见，它们似神类鬼、形象万变、行踪不定、表现各异，因此很难用文字准确地描绘和定义。

《说文解字》释"怪"为"异也"，即一切反常的现象都属于"怪"的范围。由此可知，凡事或物只要人们没有见过的，或者是不以其正常的形象或规律出现的，就很容易跟"怪"扯上关系。从更深层的意义上讲，"怪"一般指的是具有非凡的、超自然的能力，能够变幻无常的形象，是对其自然属性进行较大程度的超越。"怪"一般都是两种物体之间的相互转换，是物性的改变或是升级，无须依靠自身之物来作为变化的依据，却具有直接变化的功能。

物体能幻化成为"怪"，并不是一件瞬息即可、易如反掌的事情。某一特定物体幻化成怪的过程是获得灵性并使其超出本身自然属性的过程，而物体获得灵气从而幻化成"怪"是需要一定条件的。

首先是时间久远，即生命长久。所谓"物老则为怪"，也就是说任何一种物体只要"老"到一定程度便可以幻化成精。比如，《搜神记》中所载"千岁之雉，入海为蜃；百年之雀，入海为蛤；千岁龟鼋，能与人语；千岁之狐，起为美女；千岁之蛇，断而复续；百年之鼠，而能相卜"。这些动物只要活得足够长，便能够生发出与其本身所应该具备的自然属性不同的"超自然能力"。

其次是形状相似，即因为形象逼真而幻化成怪。《拾遗记》中曾记载一名其他国家向秦始皇进献的画工，技巧非凡，据说他的技艺可以"画为龙凤，骞翥若飞。皆不可点睛，或点之，必飞走也"。

形肖而成真的心理比较普遍。由此可见，各类画像、塑像、偶人多可因为其刻画逼真而容易幻化成精怪。

最后，同时也是最重要的一点是获得精气，或说灵性，即物体得灵性才能幻化。无论是时间还是形状，都是物体幻化最为基本的条件，唯独获得灵性才是其成怪的必要条件。从最普遍的意义上讲，物体幻化成怪的过程即产生超出其自然范畴的灵性的过程。这种灵性可以经过时间积累，也可以从其他生命形式上沾染而得。

仙果：长生不老的美食

有民谚说："桃养人，杏伤人，李子树下抬死人。"在中华优秀传统文化中，桃这种水果是益人、养人，能让人延年益寿的灵异水果。

古代小说很早就开始夸张地对桃进行描写了，并创造出仙家的玉桃、仙桃、蟠桃。托名汉代东方朔的《神异经》记载："东方有树焉，高五十丈，其叶长八尺，广四五尺，名曰桃。其子径三尺二寸，小狭核，食之令人知寿。"这种神奇的果子很快便为道家所利用，成为仙界的代表果品。据《抱朴子内篇》载，蔡诞学仙不成，回来欺骗家人，称自己上了昆仑山，还说昆仑山上有一种神奇的玉桃。——蔡诞用玉桃骗人，这说明当时玉桃、仙桃等已经是传说中仙家的食品了。

西王母是最早的仙人之一，《山海经》中她还是"其状如人，豹尾虎齿而善啸，蓬发戴胜，是司天之厉及五残"的半人半兽的古神形象。为她传递信息的使者也是三个青鸟。《穆天子传》中，爱慕神仙的周穆王千里迢迢来到西王母之邦，在弇山上的瑶池与西王母互赠礼物、饮酒酬唱。到《汉武帝内传》中，西王母的形象已经是绝世美人了："视之，年可三十许，修短得中，天姿掩蔼，容颜绝世，真灵人也。"她还能够为人间带来福音："西逢王母，慈我九子。相对欢喜，王孙万户，家蒙福祉。"西王母跟仙桃本来没有直接联系，后来她却成了仙桃的掌管者，于是，当好心而多人情味的她掌管仙桃之时，也必然把仙桃当作施与他人的赐福之果。托名班固的《汉武故事》描写西王母向汉武帝赐桃：西王母赐给汉武帝的是三千年一结果的桃子，当然不是世间平常的桃子，无疑是仙桃了。汉武帝只知此桃鲜美，不知此桃来历，留下桃核，欲在人间种植。西王母笑而止之。

如果说汉武帝得到桃子是凭着帝王至尊和求道之心的话，那么麻姑得桃则是经过一番努力争取到的。传说三月三日王母举办生日宴会，各路神仙齐来祝寿。麻姑山有十三泓佳泉，水清味甜。麻姑一边修炼一边用山泉酿造灵芝酒。十三年后，她修成真仙，灵芝酒也酿造成了。这时，王母的青使传命：召麻姑赴瑶池参加寿宴。麻姑便带上美酒，作为向王母祝寿的贺礼。酒坛打开时，但见酒色透明醇厚，但闻酒味醇香浓郁，令前来赴宴祝寿的各路神仙交口称赞。王母大喜，即封麻姑为虚寂冲应真人，并赐给仙桃。从此，麻姑献寿成为一段美妙的仙话故事。

仙桃有了主人，继而也有了相对固定的名称——蟠桃。"蟠桃"一词的来历应当从"蟠木"说起。起初，蟠木仅仅指盘曲而难以为器的树木，并不与桃相干，但在后来的《史记》中，"蟠木"一词被裴骃解释为："东海中有山焉，名曰度索。上有大桃树，屈蟠三千里。"此时的蟠木已经和桃树画上了等号。到了唐朝，《艺文类聚》也引用此句，并最终将其定名为"蟠桃"。此后，蟠桃多次为人所用，以指仙界西王母的仙桃。蟠桃生之不易，得之更难，这就更增加了其诱惑力。有的人功德欠缺，不能得到西王母赐予的蟠桃，就千方百计去偷，以图饱饱口福，获得福寿。于是，偷桃便成了古代小说多见的情节，虽然行为有些可耻，但表达了人们对于福寿的渴求。《汉武故事》叙述东方朔曾经偷盗西王母的仙桃，这就是历史上有名的"东方朔偷桃"的故事，这也是小说写偷盗蟠桃的开端。西晋张华《博物志》也提到过东方朔偷桃的事情，内容大致与《汉武故事》相同。

古代小说中，另外一个偷桃者便是大名鼎鼎的孙悟空了。其实，早在宋代《大唐三藏取经诗话》中，孙悟空的原型——猴行者便已经有偷桃的记录了，只不过当时还是受法师（唐僧）的教唆。书中记载，两人行至王母池，看见数株桃树，猴行者告诉法师树上结的就是王母娘娘的蟠桃。法师要猴行者去偷，猴行者还有些推托。最终蟠桃落入池中，法师要猴行者取来吃掉。

明代的百回本《西游记》第五回，孙悟空自封齐天大圣，却无所事事，整日东游西荡，遇到天上神仙，不论品位高低都称朋友。玉帝恐他闲中生事，让他去管蟠桃园。孙悟空欢喜谢恩，连忙赶到蟠桃园查勘。这位偷盗老手看管蟠桃园，面对这么多挂红的仙桃，他哪有不偷吃之理。每隔三两日到蟠桃园偷桃，每次偷桃都饱餐一顿，竟把蟠桃园内那些大个、好看的蟠桃偷吃殆尽。等到王母娘娘在瑶池中举办蟠桃盛会，仙女仙娥去蟠桃园摘桃时，发现大的、好的蟠桃让这猴子快偷吃完了。

另外，《南游记》中的华光也偷过王母娘娘的蟠桃。华光的母亲吉芝陀圣母得了吃人的恶病。为治愈母亲，华光只得按照药方偷盗蟠桃。他变化成齐天大圣本像，上天偷了王母娘娘的蟠桃，治好了母亲的恶病。

无论是赐桃还是偷桃，都离不开一个最具特色的故事背景——蟠桃盛会。西王母拥有长寿仙桃，便经常在桃熟季节召开蟠桃盛会，招待各路神仙。由于蟠桃令人长寿的特性，这种盛会又渐渐变成王母娘娘的生日盛会，仙家们则往往是为了祝贺王母寿诞而来。

蟠桃会一般在天宫的瑶池举行。瑶池作为西王母宴请客人之所，早在《穆天子传》中已经开始了。《太平广记》"西王母传"记载：瑶池是王母娘娘宫阙左边的一条河流。随着王母娘娘地位的日益提高，瑶池也随王母一起到了天上，所以，王母娘娘又称瑶池金母。

参加蟠桃盛会的神仙可谓众多。按照《西游记》的说法，请的神仙有西天佛老、菩萨、圣僧、罗汉，南方南极观音、东方崇恩圣帝、十洲三岛仙翁、北方北极玄灵、中央黄极黄角大仙，还有五斗星君，上八洞三清、四帝、太乙天仙等众，中八洞玉皇、九垒、海岳神仙，下八洞幽冥教主、注世地仙。各宫各殿大小尊神，一齐赴蟠桃盛会。

作为王母娘娘的生日宴会，群仙相聚理应祥和欢乐，但在我们的记忆中，蟠桃会成了各种灾祸发生的时刻，毕竟许多祸根都是在蟠桃会上种下的。譬如，《西游记》中的孙悟空、猪八戒和沙僧，《韩湘子全传》中的冲和子（韩愈）、云阳子（林圭），《南游记》中的华光，《镜花缘》中的百花仙子等，都是因为在蟠桃会上惹祸，后来被贬谪下界的。

盛大的蟠桃会是作家津津乐道的故事，并被他们以各种方式写入戏曲、小说。据庄一拂《古典戏曲存目汇考》卷二称：宋官本杂剧，即有《宴瑶池爨》。金元院本有《王母祝寿》一本，《蟠桃会》一本，《瑶池会》一本。元钟嗣成、明末朱有燉俱有《蟠桃会》，情节皆类似。小说中涉及王母蟠桃会的还有很多，如《三遂平妖传》《东游记》《绿野仙踪》《女仙外史》，都有关于蟠桃盛会的描写。王母娘娘的蟠桃盛会在民间传说和文人作品中广泛传播，其影响逐步扩大。蟠桃作为故事的核心元素，已然成为家喻户晓的长生仙果。

岁时节日篇

春节：家家户户团圆日

　　农历春节，古时也称为岁首、正旦、元日等。而在民间，春节的时间段落被更为接地气地称为大年。大年的核心内容是除旧迎新，在传统社会有着重要的时间意义，它是一元复始、万象更新的时刻。无论朝野贵贱，抑或男女老少，人们都要回归家庭，团聚在祖宗牌位前，共享春节的时光。

　　古时，老百姓过着自己的"大年"，官方也把这样的节日当作彰显仁政的契机。尤其在天下承平的美好时刻，官民同乐更是可庆可贺。

　　岁首朝贺，始于汉。明代朝中亦重视元旦朝贺之仪，不仅京官要早朝朝贺，地方官也要拜贺。明代《西湖游览志余》有曰："正月朔日，官府望阙遥贺，礼毕，即盛服诣衙门，往来交庆。"民间清晨迎来新春后，人们也会互相贺年、拜年，顺序是先家内，后家外。明代帝都元日拜年盛行朝野上下，陆容《菽园杂记》载："京师元日后，上自朝官，下至庶人，往来交错道路者连日，谓之拜年。"清朝中期，人们贺年、拜年之俗，沿袭明朝。清晨，士民之家，着新衣冠，肃佩带，祭神祀祖，焚烧纸钱，阖家团拜后出门拜年贺节。那时还有"具柬贺节"，有登门揖拜，即使路上亲友相遇，也要下车长揖，口颂"新禧纳福"。

旧时，文人士大夫中间进行的社交拜年活动也叫投刺。投刺，即是投递名帖。这种社会交际活动北魏时已有记载："或有人慕其高义，投刺在门。"清代陈康祺在《郎潜纪闻》也记载："明季士大夫投刺，率称某某拜，开国犹然。近人多易以'顿首'二字。"投帖拜年的方式起于南宋，渐渐演化成为农历春节拜年活动的一种，明清之际尤为盛行。

早期的贺年名帖，造型比较简单，一般用梅花笺纸裁切而成，上端书接受名帖人的姓名，下端署贺者姓名，中间书"恭贺新禧""岁岁平安""万事如意"之类的贺词。清代康熙年间，开始用红色硬纸制成贺年名帖，以示喜庆。后来，又时兴将贺年名帖装在锦匣里，称为"拜匣"，以示庄重。据说，具有民国文人范儿的邓云乡，便以毛笔亲书贺年片，署名"晚邓云骧"，有"水流云在之室"印。

过完初一，还有初五，很多地方称之为"破五"。在明代，正月初五还不是重要的时间点。明人的文集与地方志中，一般没有说到初五，只在闽地有初五"得宝"之说。《五杂俎》中曰："闽中俗不除粪土，至初五日，辇至野地，取石而返，云'得宝'。"清代中期以后，正月初五逐渐得到重视。

正月初五，在南北有着不同的习俗，表达着人们祈求生活富裕的愿望。在北京，正月初五之内不得以生米做饭，女性不得出门，至初六才可以往来祝贺。初五称为"破五"。正月初五在清代还是送穷日，康熙《解州志》载："正月五日，缚纸妇人，寅夜出之街衢，曰'送穷'。"把穷苦送走，自然是迎来富足。

在南方，正月初五是接财神日。清代的苏州，初五祭祀路头神。当时的人们认为，初五是五路财神的诞日。初五这天，人们争先早起，敲起金锣，燃响鞭炮，摆上牺牲供品，迎接路头神。谁先接到神，谁就得到好运。

上元：今古灯火通明时

正月为农历元月，古人称"夜"为"宵"，所以把一年中第一个月圆之夜即正月十五称为元宵节，又称"元夕""上元节"或是"灯节"。良宵元夜，灯月留影。这个月圆之夜，在人们的生活中有着不寻常的意义。除夕伊始，人们关门团年，在新旧时间转换的过程中，暂时中断了与外界的联系。随后，人们打破静寂，用喧天的锣鼓和舞动的龙狮开启又一年的热闹。

元夕是色彩斑斓的节日，而华彩灯火是这不夜天的重中之重。元宵张灯源于古时以火驱疫的巫术，随着佛教燃灯祭祀的风习流播中土，后逐渐演变为元宵节张灯的习俗。

隋唐以前，元夕张灯的记述很少见，而城市夜生活的兴起促进了元夕张灯活动的丰富。到了隋朝，京城与州县城邑的正月十五夜，已成为不眠之夜。唐代，京城里取消了正月十四、十五、十六的宵禁，人们可以彻夜自由往来，即所谓"金吾不禁"。宋代，元夕灯火更为兴盛，张灯的时间由三夜扩到五夜，灯笼制作也更为奇巧，

元宵灯夜　郑艳摄于山东

如沙戏灯、马骑灯、人物满堂红灯等灯品都有记载。宋元易代之后，元夕依然传承，只不过灯节如同其他娱乐节日一样受到限制。明代全面复兴宋制，永乐年间元宵放灯延至十天，京城百官放假十日，灯节迎来又一个高潮。元夕灯月相映成趣，赏心悦目。人们穿梭其中，甚是热闹，也算是记忆中元宵节依然欢乐的历史佐证。

灯彩之外，元宵节的斑斓还有飞腾的焰火。宋时，皇宫观灯的高潮便是施放烟火。明清，焰火品类逐渐繁盛，如线穿牡丹、水浇莲、金盘落月等也是奇巧无比。

华灯之中，最特别的还有"火判"。火判是旧时流行的一种娱乐灯彩，一般是用泥砌成一个高大的人形，腹中空，张口，然后彩画成判官形象。它实际上是一个大火炉，以肚子为炉膛，以耳鼻口等为出烟口。元宵节的傍晚，用特制的大煤球加劈柴点燃，五官生烟、七窍喷火，光芒四射，非常壮观。

老舍在《北京的春节》一文中曾经写到过"火判"："在城隍庙里并且燃起火判，火舌由判官的泥像的口、耳、鼻、眼中伸吐出来。"此外，翁偶虹、邓云乡、金云臻等人只要说到正月十五，也必然提及"火判"。北京文史专家易克中先生认为，"火判"乃是由山西的"旺火"传来。

"旺火"又叫"塔火"，源于女娲补天的传说。据说，女娲补天的地方在山西平定县的东浮山。后人为了纪念女娲，便在春节时烧起旺火。明代文人陆深在《浮山遗灶记》中对山西阳泉一带的元夕风俗描述道："岁上元之夕，无论大小，家家置一炉焉。当户，高五六尺许，实以杂石，附以石炭，至夜炼之达旦。火焰焰然，光气上属，天为之赤，至于今不废也。"

明初，大量山西移民落户京西各处，从事煤窑工作，便将烧"旺火"的习俗带入这里。"旺火"入京后，更名叫"台儿火"——即用石头砌成火台，再把煤块放在其中，垒成塔形，从下面点燃，给年节增添红火的气氛。此后，"台儿火"又从京西传入内城，演变成"烧火判"。

关于老北京"火判"的起源，民间还有一个故事：清代，北京西单鱼市附近有位从事修造炉灶的工匠姓恭，人们称其为"老恭"。

老恭心灵手巧，后被传进圆明园当差，他看到圆明园的喷水池周围有由十二生肖组成的多个喷水口，每天从子时到亥时，都由相对应的生肖定时喷出水来，一到午时，十二个生肖一齐喷水。老恭看罢，便产生了以火代水研制火炉的设想。他用"锅盔木"塑成一个外形貌似人、腹内中空的煤炉，点起来耳眼口鼻均是烟火喷出的通道，这便是"火判"。

旧时，女性的社会地位比较低下，一般不与外界人士接触，过着"大门不出、二门不迈"的家庭生活。因此，只有在某些特定的时间或是场合中才能够看见女性活动的场景。比如，明清时期较为流行的妇女元夕之夜的"走桥"活动。

"走桥"，又称"走百病"，多由女性参加，以祛疾为主要目的。就现有文献资料来看，北京地区的妇女走桥活动最早见于明朝，一直沿袭至清。清代文人潘荣陛所著《帝京岁时纪胜》中也有关于元宵节夜晚妇女走桥、摸钉活动的记载："元夕妇女群游，祈免灾咎，前一人持香辟人，曰走百病，凡有桥处，三五相率以过，谓之度厄，俗传曰走桥。"明清两代，北京城的城门有很多。妇女们最喜欢去正阳门"摸钉"，据说正阳门秉"正阳之气"，很容易生男孩。而据《北京桥梁信息资料汇编》中的数据统计，北京从古到今，桥梁总计已经超过一万座，平均每平方公里就有一座桥，不知道是不是每一座桥都承载着正月十五夜的脚步。

清明：忆昔当年酒烟飘

公历4月5日前后，当太阳运行至黄经15°时，即为清明。从古代社会生活的记述来看，清明与已然没落的上巳、寒食等汇集在一起，成为融合节气与节日于一身的时间标尺。

寒食，是冬至日后的第一百零五天，所以也有"一百五"的别称。寒食节有两项比较重要的内容：一是改火仪式，二是禁火寒食。关于改火的记载，很早就已经有了。《论语》曰："旧谷既没，新谷既升，钻燧改火，期可已矣。"古人认为火的生命力会老化，因此要定期改火，也就是在特定的时间将旧火熄灭并重新取得新火。而其注又曰："《周书·月令》有更火之文。春取榆柳之火，夏取枣杏之火，季夏取桑拓之火，秋取柞楢之火，冬取槐檀之火。一年之中，钻火各异木，故曰改火也。"意思是即使取火也不是随便一个木头都可以钻的，要根据季节不同，钻不同的木头取不同的火源。也就是说，改火并不限于春天，四季都有应时的改火方式。那个年代，人们顺应自然时序的思维观念执着得有些可爱。

魏晋以后，改火已被废除。清代徐颋《改火解》记曰："改火之典，昉于上古，行于三代，迄于汉，废于魏、晋以后。"但是，唐代开始人们又重新恢复了这个习俗。有人认为，唐代的改火是在寒食节时将旧火灭掉，然后到清明这天再重新将火燃起来。在改火和禁火期间，人们不能点火做饭，只能吃事前备好的熟食（即寒食），所以这段停火期才被称为寒食节。关于寒食的习俗，魏晋南北朝时期的书中已有相关描述。《荆楚岁时记》载曰："去冬节一百五日，即有疾风甚雨，谓之寒食。禁火三日，造饧大麦粥。"《邺中记》中也说："寒食之日作醴酪，煮粳米及大麦为酪，捣杏仁煮作粥。"

禁火寒食的行为，还与介子推的传说联系在一起：春秋时期，晋文公流亡，介子推曾经割股为他充饥。后晋文公归国为君侯，分封群臣，唯独介子推不愿受赏，隐居于山野。晋文公亲请，介子推仍不愿为官，躲在山中不出来。于是，晋文公手下放火焚山，想逼介子推露面，结果介子推被烧死在山中。为了纪念他，晋文公下令介子推死难之日不生火而吃冷食，从而形成了寒食节。在《清嘉录》中，记载苏州的清明食俗时说："今俗用青团，红藕，皆可冷食。"可见，不同地方的清明节食品花样繁多，却有一个共同的特点——大多数食品可以冷食。而在众多的清明节冷食中，老北京的"寒食十三绝"非常有名。有人做过相关研究，认为"十三绝"本来是清明墓祭"寒食供"的一种，有三个特点：冷餐、不用佐料、便于携带。一般来说，"寒食供"第一供饭菜，摆逝者生前最喜欢吃的食品；第二为蜜供，以朝阳门外正兴斋满洲饽饽铺产的蜜供和蜜供坨儿最有名，把大大小小的供桌叠成十三层，以五个为一堂，在坨上插"福""禄""寿""喜""财"等剪花字或小旗；第三供小吃，一般也是十三种，祭扫坟墓之后便成为人们野外的餐食。

有人认为清明祭扫的习俗也是承袭寒食节的传统。《旧唐书》有"寒食上墓，宜编入五礼，永为恒式"的记载；《唐会要》里有唐玄宗开元二十年"宜许上墓"诏令的原文，可见唐玄宗时期就有了寒食祭扫之习俗。当然，也有人认为清明祭扫本就有之，并非从寒食祭扫而来。据《唐会要》载，永徽二年有关部门向高宗奏呈，唐太宗在世时，逢"朔、望、冬至、夏至伏、腊、清明、社"向献陵"上食"。唐太宗的丧期已结束，唐高宗也宜循行故例。唐高宗"从之"。可见，唐代皇家清明墓祭的制度自唐太宗时就已确立。再往前追溯，唐章怀太子在为《后汉书》作注时引用了东汉应劭的《汉官仪》："秦始皇起寝于墓侧，汉因而不改，诸陵寝皆以晦、望、二十四气、三伏、社、腊及四时上饭。"应劭所谓"二十四气"，自当包括清明在内。无论寒食与清明之间的墓祭关系如何，在寒食节逐渐衰落之后，清明承袭了其很多习俗是个事实。

清明祭扫，主要是祭祀具有血缘关系的祖先和逝去的亲人。有些地方会在家里或祠堂进行，但更多的还是到埋葬祖先和亲人的遗体或骨灰的墓地去祭拜，所以祭扫又称为墓祭或是上坟。清除杂草、培添新土，是清明墓祭的主要活动。旧时，在雨水到来前，人们借清明祭祀的时机，对坟墓进行修整，免得夏季被雨水侵害。《宛平县志》载："清明日，男女簪柳出扫墓，担樽榼，挂纸钱，拜者、酹者、哭者、为墓除草添土者，以纸钱置坟岭。"清朝建立后，逐渐吸收汉族习俗，在清明祭祀时也有给已故皇帝、皇后、妃嫔宝顶上增添净土的礼节，称为"敷土礼"。各地对于墓祭祭品的要求也是花样繁多，如"酒馔""红楮钱""佛朵""五色纸钱"等等，但基本是为了表达思念之情。吴地民谚有"清明前挂金钱，清明后挂铜钱"的说法，就是说挂在坟上的纸钱如果是挂在清明之前，说明孝厚胜似金钱；如果是挂在清明之后，说明孝薄似铜。

随着社会的发展，清明扫墓也有了很多的变化。最重要的是，在现实社会环境下，人们逐渐了解了文明扫墓的重要意义，也用自己的行动践行着文明扫墓的规定，如鲜花祭扫、网络祭扫的形式逐渐多了起来。此外，清明节也逐渐成为缅怀先烈、慎终追远的时刻，这也为一些公祭活动提供了机会。

端午：朵朵榴花伴龙舟

仲夏五月，正是石榴花开的季节。五月初五日，老一辈的人们常常唤作"五月大五"，比之"端阳节""天中节""浴兰节""重五节"这些略显雅趣的名称多了些柴米油盐的味道，而比之"龙舟节""粽子节""诗人节"这些现代生活中太具象化的名称又多了些可以深思的空间。

《风土记》里有说：仲夏端五。端者，初也。端五，即是农历五月初五。据《礼记》记述，五月为阳气最盛之时，因此"端五"也被称为"端阳"。按照物极必反的道理，阳气至盛时阴气也开始滋生，阴阳交接之际，容易致使毒虫出没、瘟疫流行。按《易经》的说法，五月初五是阳气运行到端点之时，此时五毒（蜈蚣、蝎子、壁虎、蜘蛛、毒蛇）并出，尤为恶日。《夏小正》中记载："此日蓄药，以蠲除毒气。"五月初五之日，应插菖蒲、艾叶以驱鬼，喝雄黄酒、菖蒲酒等以避疫，而对于仍未到饮酒年龄的小孩子，则给他们的额头、耳鼻、手足心等处涂抹上雄黄酒，防病避疫。

端午时节粽子飘香，这应该是最喜闻乐见的说法了。历史上关于粽子的记载最早见于汉代许慎的《说文解字》，即"芦叶裹米也"，算是吃食的一种。魏晋南北朝开始流行端午食粽的习俗。《风土记》有曰：仲夏端五，方伯协极。享用角黍，龟鳞顺德。粽子成了各地端午节的标志食物，只是这粽子飘香飘的究竟是何种香，现在看来也是颇有一番争执的。

　　此外，观赏龙舟竞渡也是端午节的一大盛事。据说，"龙舟"一词最早见于《穆天子传》："天子乘鸟舟、龙舟浮于大沼。"有专家考证，进行龙舟竞渡的先决条件必须是在多河港的地区，而这正是我国南方地区的特色。据此可以推测，端午竞渡的习俗最初可能只在长江下游流行，后来才传到长江上游和北方地区。《旧唐书》中记有穆宗、敬宗观龙舟竞渡之事；《东京梦华录》记有北宋皇帝于临水殿看龙舟；明代帝王在中南海紫光阁观龙舟；清代乾隆、嘉庆帝则在圆明园福海观赏竞渡。在当时，这些区域非寻常百姓所能踏足，自然也不能引起轰动效应。时至今日，赛龙舟这样的民间游艺娱乐项目的主要生存土壤依然在江浙、闽粤一带。

　　与端午息息相关的还有屈原，这个因"香草美人"成就一生浪漫与悲壮的人，也是跟端午节有着太多牵绊的人。据《史记》记载：屈原少年时博闻强志，早年受楚怀王信任。他提倡美政，举贤授能，后遭谗去职流放。在流放中，屈原写下了忧国忧民的《离骚》《天问》等诗篇。后来，秦军攻破楚国京都。屈原写下绝笔《怀沙》后，于五月五日抱石投汨罗江而死。既然理想不能实现，那只能到滚滚江水中寻觅人生之归宿，将一腔家国情怀付诸重石之上，随我兴亡。然而花落余香，以死殉道的屈原成为一个节日发展与传承的精神内核，于今日之时仍然闪耀着光芒，这也许算是一种冥冥之中的力量。无论真实情况到底怎样，屈原与端午结下了不解之缘，而这种缘分或许不仅仅是粽子与龙舟那么简单。

端午是农历五月的节日。这个时候天气炎热，蚊虫开始出没。暑毒盛行的结果有可能是瘟疫多发。身处其中的人们为了更好地生存与生活，就要想方设法应对大自然带来的难题，于是各种草药、香囊、符箓等或科学或臆想的顺天应时、循时而动的办法便应运而生。因此，端午节及其习俗正是人们面对阴阳变化和五月恶劣的生存条件进行调和与应对的结果，自然蕴含着顺利安康的祝福与向往。

七夕：牛郎织女星与愿

农历七月，旧时又称"兰秋"，正是兰花芬馥的肇秋之际。"七夕"便恰好在这个极容易思绪纷飞的时间段落里，是为入秋后第一个重要的传统节日。"夕"者，月半见，多是黄昏延续至夜。"七夕"，也就是农历七月初七的夜晚。这个节日有时也被诗人们称作"兰夜"，直指其缘起与核心——七夕，是一个与星夜有关的节日。

古往今来，也许很多人都在懵懂之际就听过牛郎织女的传说了，可能也曾在某一年的兰夜仰望星空，寻觅着传说里的主人公：那一条横贯南北的、白茫茫的星带，是王母娘娘用发簪"造就"的银河；在银河的东边，有一颗闪亮的星星便是牛郎，它的两边还各有一颗较暗的星，便是牛郎的一双儿女；在银河的西边，有一颗闪亮的星星便是织女，它的旁边还有数颗小小的星，便是织女的织布梭。

牛郎织女的传说历史已久，在很多地方都有着不同的讲述，但也有着大致相同的内容，较为流行的版本是这样讲述的：很久以前，有一个小伙子名叫牛郎，自小父母双亡，本来和哥哥嫂嫂住在一起。但是，哥哥嫂嫂嫌他累赘，便分了家。分家时，性格善良的牛郎只要了一头老黄牛。可是，这头老黄牛并不一般，它是一只灵兽。有一天，天上的织女到凡间洗澡。牛郎恰巧从旁边经过，老黄牛便怂恿牛郎去偷七仙女的衣服，便这样把织女留了下来，与牛郎结成夫妻。夫妻二人恩爱有加，生下一双儿女，过着幸福而甜美的生活。后来，王母娘娘听说织女私自下凡勃然大怒，派出天兵天将把织女捉回天上。为了追赶织女，牛郎披上老黄牛死后留下的牛皮，并用担子担起一双儿女，飞上天空。就在眼看追上的时候，王母娘娘拿出自己的簪子，在牛郎的前面画了一道。这一道霎时间化成一条大河，河水翻滚、波涛滚滚，将牛郎和他的孩子们拦在河东，无法继续追赶。世间的人们同情牛郎、织女，连喜鹊也为他们坚贞的爱情感动，于是相约每年七月七日这天飞到银河上用身体架起一道跨越天河的桥，让牛郎与织女见面，这便是人们常常说的"鹊桥相会"。

事实上，如果从星象的角度来说："牛郎星"即"天鹰座 α"，又名"河鼓二"，是天鹰座三颗星中最明亮的恒星；"织女星"即"天琴座 α"，又名"织女一"，是天琴座中最明亮的恒星，周围还有由四颗恒星组成的"织女二"、由两颗恒星组成的"织女三"。牛郎星、织女星位于一个星群之中，由于附近鲜有亮星，所以在北方的夜空中十分突出。有学者考证古时岁时文献得出牵牛织女星与七夕的关联约由《大戴礼记》始，其中提到"（七月）初昏，织女正东向"，意思是说，在七月的黄昏，看到织女三星中由两颗小星形成的开口朝向东方，而在这个方向正是那颗牵牛星。《史记》引《尔雅》说"河鼓谓之牵牛"，牵牛为八月之星，被作为祭献的标志。七月，织女星升上天顶之时，牵牛星也开始进入人们的视野。随后织女星向西倾斜。牵牛星后来居上，升到最高点，由此进入仲秋八月。而在初秋夜晚，银河正好转到正南北的方向，牵牛星和织女星则正好一东一西，分处银河两岸。在白茫茫的银河两旁，两颗闪亮的星星遥遥相望，这样的星空景象约是激发了古时人们的想象力，"肆意"滋长，于是生发出关于牛郎与织女的美丽而又神秘的传说。

其实，关于牛郎与织女的名字，《诗经》便已有记载，只是那时候的牛郎星还被称作"牵牛"星："维天有汉，监亦有光。跂彼织女，终日七襄。虽则七襄，不成报章。皖彼牵牛，不以服箱。"这里的意思大概是：织女星整日整夜七次移位运转忙，终归不能织成美丽的布匹，而那颗明亮的牵牛星，也不能真拉车。可见约在西周时代，民间就有相关的故事流传了。《星经》中也说："织女三星，在天市东，常以七月一日，六七日见东方。"牛郎织女传说与七月有了无法割舍的关系。大约到汉代，七夕真正成为节日，牛郎织女传说中也有了喜鹊的参与，"盈盈一水间，脉脉不得语"的永久悲剧也有了鹊桥相会的"缺口"。始终如一的互相守护最终换来了一年一度喜鹊搭桥相见的机会，而这一年一次的时间就在"七夕"。

关于星星的想象，唯美又浪漫，而星空之下仰望并继续讲述着这些传说的人们却还有着更多的愿望与憧憬。在星空和历史中发现并赞美爱情，这是人们对于玄妙的一种解释。此外，七夕节最为人所惦念的还有面对星空许下的愿景，这大概是人们面对玄妙时一种身体力行的探求了。

穿针引线是最早兴起的乞巧方式。《西京杂记》中便有记载："汉彩女常以七月七日穿七孔针于开襟楼，俱以习之。"这也是古代文献中所见到的最早的关于乞巧的记载，说明汉代七夕节的主要活动便是穿针乞巧。乞巧所穿的针一般七根，俗称"七孔针"；所用的线一般用五种颜色的丝线合成的一根线，也称"五色缕"。谁穿得又准又快就为"得巧"。南北朝时，这样的活动依然继续着。《荆楚岁时记》中曾提到"（七月七日夜）人家妇女结彩缕，穿七孔针"。魏晋以降，穿针乞巧成为七夕节普遍流行的习俗，唐宋时期更达到民众热烈响应的程度。"长安城中月如练，家家此夜持针线"，"七夕针楼看水狼，家家小妇拜天孙"。从唐到明，从西安到北京，过去了千余年的时间，跨越了千公里的路程，他们的诗依然有不变的七夕节景象。

投针验巧则是穿针乞巧风俗的变体，明清两代十分盛行。《帝京景物略》记曰："七月七日之午丢巧针。妇女曝盎水日中，顷之，水膜生面，绣针投之则浮，看水底针影。有成云物花头鸟兽影者，有成鞋及剪刀水茄影者，谓乞得巧；其影粗如锤、细如丝、直如轴蜡，此拙征矣。"也就是说，在七夕这一天中午放一盆清水在太阳下晒，过一段时间后，水面上会结一层膜。女子们再将针丢在水面的膜上浮着，在日光的照射下针会在碗底投下不同形状的影子，人们就可以通过观察针影来判定女子的巧与拙。比如，能够形成各种花、鸟或是鞋子、剪刀之类影子的便是"得巧"。

喜蛛应巧是南北朝时见于文字记载的乞巧方式。《荆楚岁时记》记曰："七月七日为牵牛织女聚会之夜。……是夕，人家妇女结彩缕，穿七孔针，或以金银鍮石为针，陈瓜果于庭中以乞巧，有喜子网于瓜上，则以为符应。"这里面的"喜子"即是一种小蜘蛛，常见于夏秋之际。七月七日这天，人们把一些瓜果放在果盆上，看果盆上有没有"喜蛛"在结网来占验是否"得巧"。随着时间的推移，历代验巧的方法也有所不同。南北朝时视网之有无，唐时视网之稀密，宋时视网之圆正，后世则多遵从唐时习俗。

祭拜织女或"巧娘娘"是民间神灵祭祀的表达方式，祭拜者多为少女和少妇。各地祭拜方式不尽相同，或望星而拜，或拜画像、偶像。少女们大都希望长得漂亮、心灵手巧，或是嫁个如意郎君；少妇们则多是希望早生贵子等。江浙一带，旧时七夕这天流行用脸盆接露水。传说这天的露水是牛郎织女相会时的眼泪，抹在眼上和手上，可使人眼明手快，自然也算是"乞巧"的一种方式。而在旧时敦煌，每逢七夕来临时，人们都要将庭院洒扫干净，张挂锦彩，陈设香案，献供花果饮食。敦煌遗书《七夕乞巧诗》和《文苑英华》中都有记载，莫高窟第31窟、第55窟、第454窟还有古代少妇在七夕乞子的图像。

乞巧还有专门的应景食物，称为"乞巧果子"，简称"巧果"。宋时，街市上已有巧果出售。据《东京梦华录》记载："又以油面糖蜜造为笑面儿，谓之'果食花样'，奇巧百端，如捺香方胜之类。若买一斤数内有一对介胄者，如门神之像，盖自来风流，不知其从，谓之'果食将军'。"现在有些地区巧果的做法是：将白糖放在锅中熔为糖浆，然后和入面粉、鸡蛋等发酵后，用模具制成各种花样。手巧的女子，也会捏塑出各种与七夕传说有关的花样。

从更为宽泛的角度来说，传统的七夕更像是一个女性朋友祈愿的日子：她们祈求心灵手巧，所以穿针引线；她们祈求美貌倾城，所以祭拜织女；她们祈求瓜瓞绵绵，所以祭拜中处处可见瓜果……传统七夕节的重要内容强调的便是人们（尤其是女性朋友们）提升自身（诸如美貌、能力）后对于爱情、婚姻、子嗣的期待或索求，在某些地区甚至具有女性成年礼的意涵。这样的节日，难免被烙上"男耕女织"时代产物的印记。"架上累累悬瓜果，风吹稻海荡金波。夜静犹闻人笑语，到底人间欢乐多。"纵使是天上织女，最向往的也不过是三餐四季、平淡生活。所以，对于表达愿景这样一个单纯的行为而言，七夕节又给了很多人默语念想的一个好时机而已。

现时的七夕，诸如"兰夜"之类的称谓已经没入历史的尘埃，倒是以牛郎织女的传说为积淀，在中西文化交融的背景之下有了更为符合时代潮流的称谓——"中国情人节"。爱情，是古往今来、普天之下所有人共有的情感之一，也是人类社会生活中不可或缺的永恒主题。但是，保守的旧时观念让古代中国人的爱情几乎都隐于暗处。七夕节被重新发掘成为"情人节"算是为当代中国人坦率地表达爱情提供了时间点和仪式感，这是民众生活方式的自由选择所致。一年一面坚守爱情的牛郎织女成为一个节日发展与传承的文化内核，这也许是一种冥冥之中的力量。而从多元文化碰撞的角度来说，玫瑰、巧克力等符号通过"Valentine's Day"的名称进入现时的中国，激发了具有文化安全意识的人们，开始在本土寻找可以与之相抗衡的文化因素，于是七夕节这样带有爱情要素的传统节日被重新发掘。一如当初，人们面对浩瀚星空时的迷茫一样，总要寻些生活里的现实感知与之遥相辉映，才不枉费了一腔浪漫的情感。所以，阳历2月14日成了"他们"的情人节，而农历七月初七成了"我们"的情人节。与此同时，从"他们"的情人节中获益的商家陆续推出相应商品推波助澜，诸多媒体也开始策划以爱情为主题的相关活动，这些使得越来越多的人认可了七夕节作为"我们"的情人节的正当性。只不过，爱情终究是带着不可言说的无规则、无条件之事，在社会环境急剧变化的今天，爱情面临着比传统社会更大的挑战。男耕女织的社会背景正在被颠覆，郎才女貌的婚姻观念也在被挑战，诸如牛郎织女这样的传说，也许能发掘出更为重要的现实意义。

中秋：此夜月光分外明

从历史来看，秋分曾是传统的祭月节。早在周朝就有春分祭日、夏至祭地、秋分祭月、冬至祭天的习俗，其祭祀的场所分别称为日坛、地坛、月坛、天坛，设在城池的东、南、西、北四个方向。《大戴礼记》曰："三代之礼，天子春朝朝日，秋暮夕月，祭日东坛，祭月西坎，以别内外，以端其位。所以明有别也。教天下之别也。"

祭月源于远古初民对月亮的崇拜。《尚书》称：日、月、星辰为天宗，岱、河、海为地宗，天宗、地宗合为六宗。"夕月"之夕指的正是夜晚祭祀月亮。后来作为天体的月被人格化，成为月神。天子于每年秋分设坛祭祀月神。道教兴起后称月神为太阴星君，而民间则多认为月神是嫦娥。《淮南子》有载："羿请不死之药于西王母，姮娥窃以奔月，怅然有丧，无以续之。"高诱注曰："姮娥，羿妻。羿请不死药于西王母，未及服之，姮娥盗食之，得仙，奔入月中为月精。"最初祭月定在秋分这一天，但是祭月一般会期待比较圆满的月亮，而秋分这天在农历八月里的日子每年都不相同，不一定能赶得上有圆月，后来就将祭月由秋分调至中秋。

祭月、拜月是明清中秋时节通行的习俗，清代俗谚有："八月十五月儿圆，西瓜月饼供神前。"清代有特制的祭月月饼，此月饼较日常月饼为"圆而且大"。《燕京岁时记》称："至供月月饼，到处皆有。大者尺余，上绘月宫蟾兔之形。"特制月饼一般在祭月之后就由家人分享，也有的留到除夕再来享用，这种月饼俗称"团圆饼"。

明朝北京人八月十五日祭月，人们会在市场上买一种特制的"月光纸"。这是一种神祃，上面绘有月光菩萨端坐莲花座上，旁边有玉兔持杵如人似的站立着，并在臼中捣药。这种月光菩萨像小的三寸，大的丈余长。精致的画像金碧辉煌。北京家家设月光菩萨神位，供圆形的果、饼与西瓜。西瓜要切割为莲花状。夜间在月出之方，向月供祭，叩拜。叩拜之后，将月光纸焚化。撤下来的供品，由家人分食。

明清以后，祭月风俗发生重大变化——男子拜月渐少，月亮神逐渐成为女性的崇拜对象。北京有所谓"男不拜月，女不祭灶"的俗谚。

除了祭祀月亮，古时秋分还会祭祀寿星。《艺文类聚》引《春秋元命苞》曰："嘉置弧北指一大星为老人星，治平则见，见则王寿，常以秋分，候之南郊。"《通典》也有："秋分日，享寿星于南郊。寿星，南极老人星。"

南极老人星，又称寿星、老寿星，是民间信仰中的长寿之神。

先秦起，人们就认为，南极老人星是掌握国运之长短兴衰的，所以特别重视。秦始皇统一天下后，专门在咸阳附近的杜县修建了寿星祠。《史记》"寿星祠"注曰："寿星，盖南极老人星也。见则天下理安，故祠之以祈福寿。"《史记》又载："狼比地有大星，曰南极老人。老人见，治安；不见，兵起。"这意思是说，在西宫狼比的星区，有颗很大的星星叫作南极老人星。如果能见到这颗星星，国家就会长治久安；如果见不到的话，就会有兵乱产生。汉代，南极老人星的职能又进一步放大，人们还把它视作掌管人的寿命之神。后来，历朝历代都把祭祀寿星列入国家祀典，直到明太祖朱元璋在位时才停止了这种大规模的国祀活动。

民间寿星　郑艳摄于安徽

赏月源于祭月，最初应是由古代宫廷文人的雅趣而生。朗朗星月夜，望之生情，又有闲趣，下笔生风或是互相和韵一番必然更能添了中秋夜的滋味。

中秋节夜晚也有"走月"的活动，大抵是对可以出门的人们的一种犒赏。在皎洁的月光下，人们三五结伴，谈笑风生，或游街市，或泛舟河上，或登楼赏月，这被称为"走月"，其实就是一种动态的赏月形式。有些地方，女子也能参与其中。

旧时的金陵，已经出阁的妇人"走月"还有一种特殊的祈盼之举：凡没生儿子的已婚妇女，要去游夫子庙，随后再跨过一座桥，相传会有"梦熊之喜"，也就是生个男孩子的意思。据说，中华门外窑湾街有一座"涧子桥"。中秋之夜未有子嗣的人会来此往桥下摔瓦罐，能得子。久而久之，这座桥便被讹称为"见子桥"。

其实，中秋夜晚，很多地区都流行着一些习俗，可以给婚后未育的人些许心理安慰，被人们称为"摸秋"：结婚后未生育的女子，乘着中秋之夜的月光，到别人家的田中去偷摘瓜豆。民间相传，摸到南瓜的，即可生男孩，因为"南"与"男"谐音。田园主人不但不能责怪"偷摘"者，而且还要以此为乐。

重阳：赏菊登高盼康寿

农历九月初九，是我国传统节日——重阳节。《易经》把"九"定为阳数，九月九日，两九相重、日月并阳，故曰重阳，也叫重九。曹丕在《九日与钟繇书》中说道："岁往月来，忽复九月九日，九为阳数，而日月并应，俗嘉其名，以为宜于长久，故以享宴高会。"此时，人们已将"九"阳的寓意与"九"长久的象征结合起来了。

重阳是夏冬交接的时间界标，如果说清明是人们度过漫长冬季后出室畅游的春游，可以称为"踏青"，那么重阳大约是在秋寒新至、人们即将蜗居时的秋游，便可以叫作"辞青"。

重阳赏菊历来都是重头戏。宋孟元老《东京梦华录》中载："九月重阳，都下赏菊，有数种：其黄白色蕊若莲房，曰'万龄菊'，粉红色曰'桃花菊'，白而檀心曰'木香菊'，黄色而圆者曰'金铃菊'；纯白而大者曰'喜容菊'，无处无之。"艳在深秋，傲霜怒放，于是人们认为菊花代表着不畏严寒、傲然挺立的高尚品格。同时，菊花又开在百花凋零之后，不与群芳争艳，所以又成为恬淡自处、不媚权贵的象征性风物。

赏菊之外，登高也是重阳节的重要行程。据说，汝南人桓景曾多年随费长房游学，后来经仙人指点，携全家登山避难，回来后却见家中鸡犬牛羊暴死。于是，重阳登高便流传开来，但时间只在深秋，具体日期并未敲定。到了魏晋时期，登高的日期已定在农历九月九日，士农工商各行业的人都会到郊外登高、设宴饮酒。东晋诗人谢灵运为了登高方便，还自制了一种前后装有铁齿的木屐，上山时去掉前齿，下山时去掉后齿，人称"谢公屐"。

重阳节还有独特的吃食——重阳糕，亦称"花糕"，多用米粉、果料等作原料，制法有烙、蒸两种，糕上插五色小彩旗，夹馅并印双羊，取"重阳"的意思。重阳吃糕起于唐代以前。《隋书》里便载有南北朝时期的童谣："九月吃糕正好。"重阳吃糕，寓意最重，取其谐音"高"之意，祈求儿女百事顺利。据说，重阳吃糕也非最初的习俗，只是由于很多地方没有山，无高可登，所以就由登高想到了吃糕，依然传达步步升高的心愿。

据研究，重阳节俗的原型之一是古代祭祀星宿"大火"的仪式。季秋九月，"大火"（即心宿二）隐退，这使得一向以大火星为季节生活标识的古人失去了时间坐标，于是产生莫名的恐惧。而大火的退隐也意味着长冬的到来，所以人们要举行送行祭仪，以告慰自然、安抚自己。后来，人们对时间有了新的认识，九月祭火的仪式也逐渐衰亡，但是人们对因阳气衰减而引起的自然物候变化仍然有着特殊的感受，因此登高的古俗依旧传承下来。

到了魏晋南北朝时期，战乱不已，人们更加恐惧生命的逝去，所以，一股服食修炼以求长生的仙道之风骤然兴起。重阳登高、服食也开始慢慢地与求取长寿勾连到了一起。隋人杜公瞻在《荆楚岁时记》注文中记述了当时的北方重阳节俗："今北人亦重此节，佩茱萸，食饵，饮菊花酒，云令人长寿。"这或许是后世重阳节演变为祝寿节、老人节的最初契机。

敬老与爱老，自然是传统美德，如今有了一个专门的日子更是可以把这一美德发扬光大。

冬至：曾几何时大如年

历史上的冬至，曾经比年还重要。冬至之所以重要，还因为其很早就出现在人们的生活之中。冬至萌芽于殷商时期，是最早被确定的节气之一。西周时期，《尚书》中记载了帝尧时期的四时观象授时的工作，并以"日中""日永""宵中""日短"分别代表春分、夏至、秋分、冬至，同时测定了一个回归年的长度。而《吕氏春秋》《逸周书》《周髀算经》《淮南子》等文献都开始记录作为二十四节气的"冬至"。冬至之所以重要，是因为冬至曾经也代表着一年之始。冬至日，正是阳气开始萌生之时。《月令七十二候集解》载："十一月中，终藏之气，至此而极也。"此日阴极而阳始至。冬至这天，太阳几乎直射南回归线，此时北半球白昼最短。随后阳光直射位置逐渐向北移动，北半球白昼慢慢变长，所以有俗语说："吃了冬至面，一天长一线。"

民谚有曰："冬至天气晴，来年百果生。"冬至虽然是肃杀的季节，却也是农耕生活的重要时间节点。冬至时节，光照最短。由于天气的原因，冬至前后最需要重点关注的是严寒气候有可能产生的危害。所以，民间自古就会用各种各样的方式占卜气候、禳灾祈福。

作为节气，冬至本就起于天象与方位观测。《周礼》有："以土圭之法测土深，正日景，以求地中。"《周礼》也有："土圭以致四时日月，封国则以土地。"土圭，是旧时一种测日影长短的工具。通过测量土圭显示的日影长短，前文所说的殷商时期即是使用这种方法来确定冬至和夏至。同时也求得不东、不西、不南、不北之地，也就是"地中"，是为天地、四时、风雨、阴阳的交会之处，也就是宇宙间阴阳冲和的中心，自然也就成为国都所在地的最佳位置。

冬至利用云彩可占岁。冬至日如果有云则一年和美，如果无云则一年危机。云是红色代表干旱，黑色代表水患，白色会有战争，黄色会有地质灾害。冬至测候还有很多其他的办法：观风，"冬至西北风，来年干一春"，"冬至有风冷半冬"；观雨，"冬至阴天，来年春旱"，"冬至晴，年必雨"，"冬至出日头，过年冻死牛"；观雪，"冬至无雪刮大风，来年六月雨水多"，"冬至有雪来年旱"；观霜，"冬至没打霜，夏至干长江"，"冬至打霜来年旱"。又是一个个环环相扣的自然关联圈。

《史记》载："冬至，短极，县土炭。"这是一个简单测定湿度的办法：在冬至前三日，将土和炭分别悬于天平木杆两端，让两边轻重刚好平衡。到了冬至日，阳气至，炭那边就会重；到了夏至日，阴气至，则土那边就会重。也就是说，如果空气干燥，炭中水分散发快，会变轻，放炭这端就会上升；如果空气湿度增加，则相反。

冬至开始，正是阳气萌芽、回转的时候，也正是顺应自然、激发人体阳气上升的最佳时节。《黄帝内经》曰："阳气者，若天与日，失其所则折寿而不彰。"阳气的虚衰将会导致我们的身体出现健康问题。"气始于冬至。"从冬季开始，生命活动开始由衰转盛、由静转动，此时顺时而动有助于保证旺盛的精力，达到延年益寿的目的。在天气寒冷、阳气伏藏的时节，人们的传统饮食上基本都以温热为主，常见糯米、狗肉、大枣、桂圆、芝麻、韭菜、木耳等食物。

关于冬至的吃食，民间有"冬至饺子夏至面"的说法。史籍却更常见"冬至馄饨夏至面"的记述。宋代以来，我国民间已有在冬至之日吃馄饨的饮食习俗。宋代陈元靓《岁时广记》中记载：京师人家，冬至多食馄饨，故有冬至馄饨年饭饦之说。清代富察敦崇《燕京岁时记》中记载的京师民谚也是"冬至馄饨夏至面"，清代潘荣陛编撰的《帝京岁时纪胜》中又记载："预日为冬夜，祀祖羹饭之外，以细肉馅包角儿奉献。谚所谓'冬至馄饨夏至面'之遗意也。"

对于冬至之日吃馄饨的原因，民间的口头讲述中有着各种各样的版本：

第一种说法认为，馄饨初为宋代祭祖的供品。馄饨是原始宗教中祖先崇拜在后世的演变。馄饨像鸡卵，鸡卵如混沌未开之象。人们于冬至之日吃馄饨乃是纪念远古混沌未开时，盘古氏开天辟地创造世界之功。析其"馄饨"二字，本是旁三点水，盖因做食物之名，又因祭祀祖先，也就由"混沌"改成食字为旁的"馄饨"了。

第二种说法认为，冬至之日为道教的元始天尊诞辰。道教认为，元始天尊象征混沌未分、道气未显的第一大世纪，故民间有吃馄饨的习俗。《燕京岁时记》称："夫馄饨之形有如鸡卵，颇似天地浑沌之象，故于冬至日食之。"实际上，"馄饨"与"混沌"谐音，故民间将馄饨引申为打破混沌，开辟天地。后世不再解释其原义，只流传所谓"冬至馄饨夏至面"的谚语，把它当成一种节令食物而已。

第三种说法认为，汉朝时北方匈奴经常骚扰边疆，使百姓不得安宁。当时匈奴部落中有浑氏和屯氏两个首领，十分凶残。百姓对他们恨之入骨，于是用肉馅包成角儿，取"浑"与"屯"之音，呼作"馄饨"，恨以食之，并求平息战乱，能过上太平日子。因最初制成馄饨是在冬至这一天，所以在冬至这天便有了家家户户吃馄饨的习俗。

第四种说法认为，江南冬至吃馄饨与西施有关。春秋战国时期，吴王夫差打败越国同时得到绝代美女西施后得意忘形，终日沉湎酒色、不问国事。有一年的冬至，吃腻山珍海味的吴王没有食欲，西施便做出一种新式点心献给吴王。吴王一尝，鲜美至极，便问道："这是何点心？"西施暗想这昏君成天浑浑噩噩，便随口应道："馄饨。"从此，这种点心便以"馄饨"为名流入吴越人家。为了纪念西施，后来还把它定为冬至时令食物。

江南水乡还有冬至之夜全家吃赤豆糯米饭的习俗，被称为"冬至粥"。民间传说，这个习俗来自怒触不周山的共工之子——又一名脾气暴躁的恶人。据说，共工的儿子作恶多端，死于冬至这一天，变成疫鬼，但是最怕赤豆，所以人们就在冬至这一天吃赤豆饭，用以驱避疫鬼。

当然，在现在的生活当中，尤其是北方地区的冬至节俗中，相比于馄饨，饺子占据着更为重要的地位。冬至吃饺子，是我国北方地区的传统习俗。俗语曰："冬至不端饺子碗，冻掉耳朵没人管。"有学者考证，其实明清史籍中并未发现"冬至饺子夏至面"的记载，所以认为"冬至吃饺子"是清末民初乃至民国时期才有的冬至习俗。

民间传说，冬至吃饺子的习俗与医圣张仲景有关。张仲景在隆冬时节专门舍药为穷人治耳朵的冻伤，他把羊肉、辣椒和祛寒的药材放在锅里，熬到火候时再把羊肉和药材捞出来切碎，用面皮包成耳朵样子的"娇耳"下锅煮熟，分给患病的穷人。这药就叫"祛寒娇耳汤"。人们吃后，顿觉全身温暖，两耳发热。从冬至起，张仲景天天舍药，一直舍到大年三十。乡亲们的耳朵都被他治好了，欢欢喜喜地过了个好年。从此以后，每到冬至，人们也模仿着做娇耳的食物，为了跟药方区别，就改称饺耳，后来人们就称其为饺子了。天长日久便形成了习俗，每到冬至这天，家家都吃饺子。

节气逢冬至，也正是人们日常生活里最为闲适与自在的时刻，三五成群、把酒言欢，再有些美妙罕见的景色于眼前呈现，更乃赏心乐事。

寒冬时节，赏花自然是鲜见之事。一般来说，旧时一年四季的花期从寒冬蜡梅开始，但是后来随着农业技术的进步，花农往往可以利用窖藏技术使花提前开放，即在温室培植鲜花。宋人所著的《齐东野语》中说："凡花之早放者，名曰堂花。其法以纸饰密室，凿地作坎，缠竹置花其上，粪以牛溲硫黄，尽培溉之法。然后置沸汤于坎中，少候，汤气熏蒸，则扇之以微风，盎然盛春融淑之气，经宿则花放矣。""堂花"又名"唐花"，也就是植于密室里用加温的方法使其早开的鲜花。

鲜花实在不得，可以付诸纸笔，顺便计算一下时间，这便是消寒图。消寒图是以图画或文字的形式标示着由冬向春的转换过程，主要为闺阁女子、文人雅士所习用。染梅与填字是描画消寒图的两种流行方式。染梅是对一枝有八十一片花瓣的素梅的逐次涂染，每天染一瓣，染完所有花瓣便出九。这种梅花消寒图最早见于元代。刘侗、于奕正在《帝京景物略》中也写道："日冬至，画素梅一枝，为瓣八十有一，日染一瓣，瓣尽而九九出，则春深矣，曰九九消寒图。"还有与染梅类似的另一种涂圈方式：将宣纸等分为九格，每格墨印九个圆圈，从冬至日起每天填充一个圆圈，填充的方法根据天气决定。填充规则通常为：上涂阴下涂晴，左风右雨雪当中，即阴

消寒图　郑艳摄于山东

天涂圈上半部，晴天涂下半部，刮风涂左半部，下雨涂右半部，下雪就涂在中间。

　　更加追求内容的文人们会填字，是对九笔画且笔画中空的九个字进行涂描。这九个字多组成诗句，从冬至日起，每天依笔顺描画一笔，九天成一字，九九则诗句成，数九也完毕。在阳气上升的时节，人们涂染凌霜傲寒的梅花或是描摹召唤春意的垂柳，都表达着对于来年春天的盼望之情。但是，画九、写九实为高雅的娱乐方式，大抵和灯谜、酒令、对联等有着异曲同工之妙，后来便自然而然地成为文人墨客、闺阁女眷的冬日消遣之举。

入冬后天寒地冻、万里冰封，此时闲暇的时光颇多。旧时从冬至开始，贵族豪富、文人雅士们每逢"九"日一聚，或围炉宴饮，或鉴赏古玩，或分韵赋诗，谓之"消寒会"。据考证，"消寒会"约始于唐末，也称"暖冬会"。五代《开元天宝遗事》记：唐时长安有名豪富，每当雪天寒冷之时，便会叫仆人在自家街道口的雪地上扫出一条小路，自己站在路口前，拱手行礼迎接宾客，为客人准备菜肴宴饮寻乐，称为"暖寒之会"。

清代，消寒会成为冬至之后文人雅士的重要活动，内容十分丰富。据《燕京杂记》载："冬月，士大夫约同人围炉饮酒，迭为宾主，谓之消寒社。好事者联以九人，定以九日，取九九消寒之义。"更有甚者，以九盘九碗为餐，饮酒时亦必以"九"或与"九"相关之事物为酒令。可见，冬日赏花、吃肉、饮酒、作乐，算是闭塞的时间里人们几近疯狂的举动了，其中蕴含的多是对于过去的追忆和对于未来的向往，也更多地表明了人们在节气转换时段里的忐忑。直到近时，北京地区的某些人士仍保留着消寒的遗风。所以，我们也可以效仿旧时人们的做法，于冬至之日邀上三五好友，围炉宴饮，彼此讲讲生活或是工作中的趣事，抑或是烦心事，让所有情绪随着寒气变暖。

节气逢冬至，正是人们传统观念里的阴阳交割之时，无论是对自己还是对家人和朋友，都会有一些祝福，祈求可以顺利度过生命的转折之时。

冬至祭孔与拜师是我国自古以来尊师重教传统的集中表现。明嘉靖年间的《南宫县志》载曰："'冬至'，释菜先师，如八月二十七日礼。奠献毕，弟子拜先生，窗友交拜。""释菜"亦作"释采"，是古代入学时祭祀先圣先师的一种仪式。《礼记》有："上丁，命乐正习舞，释菜。"郑玄注："将舞，必释菜于先师以礼之。"关于释菜礼，民间有一个有趣的传说：相传春秋时，孔子周游列国时被困于陈蔡之间，只能靠煮灰菜为食。尽管如此，弟子颜渊仍坚持每天从野外采摘野菜，回来在老师门口行礼致敬，以示自己从师学艺的决心。颜渊的举动得到了后人的崇敬，因此人们在祭祀孔子的时候也对他行祭奠礼，既是对颜渊尊师的赞颂，也是对刚入学的学生进行一次尊师教育。

冬至时节，民间还有向长辈赠送鞋袜的习俗。人们多认为肇始于曹植的《冬至献袜履表》，即三国时期曹植在冬至向他的"父王"曹操献鞋袜时所上的表章。曹植认为，冬至献袜履乃前承古事，顺应天时，兼之表达为儿为臣的孝心和忠心，盼望父亲穿上自己所献鞋袜，行走平稳。其实，据文献记载，冬至给长辈送鞋袜的习俗至少在汉代便已流行起来。《中华古今注》有曰："汉有绣鸳鸯履，昭帝令冬至日上舅姑。"自此以后，冬至向老人"献袜履"在历代都是普遍流行的，这在很多古籍都有记载。北魏崔浩在《司仪》中曾解释：近古妇女常以冬至日进履袜给公婆；北朝人不穿履，当进靴。无论靴履，都在于其"践长"的象征意义。靴上有"履端践长，阳从下迁，利见大人，向兹永年"等，正体现着其"祈永年，除凶殃"的内心愿望。浙江《临安岁时记》也载："冬至俗称'亚岁'……妇女献鞋袜于尊长，盖古人履长之意也。"张居正《贺冬至表五》："对时陈献履之衷，叩阙致呼嵩之祝。"如今，山东曲阜的妇女还会在冬至日前做好布鞋，冬至日赠送舅姑。

冬至之后，虽然日照逐渐增多，但仍旧寒冷。在一阳初生、白昼渐长的时节，后辈应时给老人奉上新鞋、新袜，显见的作用是帮助老人度过严寒，更重要的是通过这样的献履仪式，希望长辈们能够在新岁之始，以新的步履顺时而进、健康长寿。

古时，冬至月曾在较长时期内作为岁末之月或岁首之月，后被称为"亚岁"。"亚岁"之说至迟起于唐代，有《冬至日》中的诗句为证："亚岁崇佳宴，华轩照绿波。"而正因为冬至有"亚岁"之说，所以平常人家就把冬至前之夜称为"冬除"。清代江南地区依然极重冬至前一日，称为"除夜"。而之前所说的冬至这一天吃冬至团，吃了就长一岁，谓之"添岁"。因此，贺冬犹如贺年。冬至前夕，亲友之间一般会相互祝贺或是馈送节令食品，称为"贺冬"。正如《豹隐纪谈》所说："吴门风俗多重至节，谓曰'肥冬瘦年'，互送节物。"清朝吴地还传袭着这一习俗，如《清嘉录》说：郡人最重冬至节，先日，亲朋各以食物相馈送，提筐担盒，充斥道路。这种筐或是盒，被民间称为"冬至盘"。

古时，人们对于冬至常常怀着畏惧之心，《周易》曰："先王以至日闭关，商旅不行，后不省方。"冬至是闭关的时候。《后汉书》也记载："冬至前后，君子安身静体，百官绝事，不听政，择吉辰而后省事。"直到唐代，冬季还是一个应该放长假的岁时节日。《唐六典》有曰："内外官吏则有假宁之节，谓元正、冬至各给假七日。"也就是说，此时冬至的节假时间与春节一样，都是七天长假。明代，太祖朱元璋在位时，百废待举、政务繁忙，便规定一年只有春节、万寿节（皇帝的生日）和冬至放假。此外，与明朝保持宗藩关系的朝鲜也定期派使臣来过冬至节，被称为冬至使，一直沿袭至清代。

从上至下，冬至都不仅仅是一个节气这么简单，也就难怪民间会有"冬至大如年"的说法了。从古代民间信仰来看，冬至时分，农事终结，万物俱寂，阴阳交割，春日待启，大自然的一切都处于由死转生的微妙节点之上，人类应小心谨慎地度过。所以，我国传统社会在冬至这天还有祭天习俗。《周礼》记有"以冬日至，致天神人鬼"的祭祀仪式，表达对于旧岁的纪念、对于新岁的祈盼。《周礼·大司乐》："冬日至，于地上之圜丘奏之。"《易经》说卦曰："乾为天，为圜。"可知，周代祭天的正祭是每年冬至之日在国都南郊圜丘举行。圜，即圆。古人认为天圆地方，圆形正是天的形象，而圜丘就是一座圆形的祭坛。圜丘祀天，方丘祭地，两者都在郊外，所以称为"郊祀"。《宋史》云："冬至圜丘祭昊天上帝。"祭祀"昊天上帝"被视为重要岁时仪式之一。祭天的时间自唐代开始便规定在冬至这一天。此后宋至明初有一段时间合祀天地，直到明嘉靖九年的更定祀典又重新分祀，并沿袭至清末。作为古代郊祀最主要的形式之一，冬至祭天的礼仪极其隆重与繁复。清光绪三十四年冬至，中国历史上严格意义的最后一次祀天之礼举行。祭天之后不久，清德宗载湉"崩逝"。1914年冬至，袁世凯也曾在北京天坛举行过所谓的祀天典礼。

礼莫重于祭，祭莫大于天。冬至祭天表达了为天下苍生祈求风调雨顺的愿望，也体现了对天和自然的尊崇敬畏之情。如今，剥去信仰内核的祭天依然在表演着，让我们知道曾经存在过怎样的仪式。所以，如果你感兴趣的话，何妨到曾经的帝都去感受一下那些"皇天在上"的威仪呢？

忙年：又是一岁匆匆过

民间常说："过了大寒，又是一年。"这里的"年"便是农历春节。大寒是春节前的最后一个节气，一般叫大寒迎年。而大寒时节正逢小年（一般北方地区是腊月二十三，南方地区则是腊月二十四），民间一般有祭灶、扫尘、蒸年糕的习俗，主要是为了即将来到的"大年"（即春节）做准备，也叫忙年。

祭灶是在我国流行范围极广的传统习俗。旧时，差不多家家都设有灶王神位，有的只供奉灶王爷一人，有的则同时供奉灶王奶奶，表达着人们辟邪除灾、迎祥纳福的美好愿望。有人认为最早奉祀的灶神当是火神炎帝或火官祝融。《淮南子》说："故炎帝于火，而死为灶。"《礼记》疏则曰："颛顼氏有子曰黎，为祝融，祀以为灶神。"后来，灶神成为一个貌容娇美的男性形象。《庄子》借齐国皇子告敖的口说："灶有髻。"晋司马彪注：灶神，其状如美女，着赤衣，名髻也。

汉代以后，灶神司功过。《后汉书》记载南阳阴子方以黄羊祭灶，从而受了灶神的祝福，从此发迹。到了魏晋时期，灶神开始与道教相关，并有了灶王爷会上天向玉皇大帝告状的民间传说。《抱朴子》记曰："月晦之夜，灶神亦上天白人罪状。"月晦是指阴历每月最后一天，可见当时灶王爷回去告状的频率比后来高很多。晋代《风土记》也说：灶神翌日朝天白一岁事，故先一日祷之。因为害怕灶神上天后，说些不利于自家的话，吴人会用酒祭祀，称为"醉司命"，这大抵就是后来糖瓜粘的另一种形式。

宋代之后，祭灶便开始使用一种称为"胶牙饧"的糖，用意或是让灶神上天后说些甜言蜜语，或是要让灶神的牙齿被糖黏住，说不出话来。北方常见的灶糖，就是所谓的"糖瓜"。从汉代至宋代，灶神从"主饮食之事"的神转变成为家庭守护神。而到了明代，对祭灶的要求更严。《帝京景物略》中记曰："男子祭，禁不令妇女见之。"民间传说，月亮属阴，灶君属阳，故"男不祭月，女不祭灶"。也有人认为，月神是女性神嫦娥，而灶神是炎帝或祝融等男性神，根据旧时"男女授受不亲"的传统观念，所以有了以上规矩。

清代宫廷和民间都十分重视祭灶，据传嘉庆帝曾在上谕中称洋教之所以为邪说，概因其"不祀祖先、不供门灶"，足见祭灶之重要性。《帝京岁时纪胜》描绘腊月二十三日祭灶时写道："更尽时，家家祀灶，院内立杆，悬挂天灯。祭品则羹汤灶饭、糖瓜糖饼，饲神马以香糟炒豆水盂。"《燕京岁时记》又称："二十三日祭灶，古用黄羊，近闻内廷尚用之，民间不见用也。"这当是对阴子方故事的继承。据内务府奏案可知，坤宁宫祭灶一向供奉黄羊。后来，鲁迅与周作人也曾经写过关于黄羊祭灶的诗句。鲁迅《庚子送灶即事》："只鸡胶牙糖，典衣供瓣香。家中无长物，岂独少黄羊。"据周作人日记，"夜送灶，大哥作一绝送之，余和一首"："角黍杂狻糖，一尊腊酒香。返嗤求富者，岁岁供黄羊。"可见，至少在写这首诗的时候，兄弟俩还是非常要好的关系，而他们的家也有祭灶的习俗。

小年之际，除了祭灶还要扫尘，这原是古代驱除病疫的一种仪式，后来演变成了年底的大扫除，同样寄托了人们岁末年初辟邪除灾、迎祥纳福的美好愿望。宋代《梦粱录》中记曰："十二月尽，俗云'月穷岁尽之日'，谓之'除夜'。士庶家不论大小家，俱洒扫门闾，去尘秽，净庭户。"清代顾禄《清嘉录》中曰："腊将残，择宪书宜扫舍宇日，去庭户尘秽。或有在二十三日、二十四日及二十七日者。俗呼'打埃尘'。"由此可见，从宋代一直到清代，腊月月末这段时间是人们打扫卫生的时间。究其原因，当是"尘"与"陈"谐音，月末扫尘不仅能使居室环境焕然一新，更有辞旧迎新的含义，其用意是把一切晦气统统扫出门。除了家里要焕然一新，每个人也都要洗浴、理发，褪去过往的晦气，开启新年的好兆头，所以民间有"有钱没钱，剃头过年"的说法。

关于小年祭灶与扫尘，民间还有一个很有意思的传说：很久以前，玉皇大帝为了掌握人间情况，就派三尸神常住人间。三尸神是个阿谀奉承、搬弄是非的家伙。一次，三尸神危言耸听，密报人间咒骂玉皇大帝。玉皇大帝大怒，降旨查明人间犯乱之事，将犯乱人的姓名、罪行书于墙壁之上，并让蜘蛛结网遮掩以作记号。又命王灵官于除夕夜下界，凡遇有带记号之家，满门抄斩，一个不留。三尸神好不高兴，乘机下凡，恶狠狠地在每户人家墙壁上做上记号，好让王灵官来将百姓斩尽杀绝。此事让灶王府君知道了。他大惊失色，为了搭救凡人。各家灶王爷聚集商量，想出了一个办法：即在腊月二十三日"送灶"之日起，到除夕"接灶"前，每家每户必须清扫尘土，掸去蛛网，擦净门窗。王灵官于除夕之夜来察看时，家家窗明几净，焕然一新，灯火辉煌，团聚欢乐，人间美好无比。王灵官找不到所谓"劣迹"的记号，立刻返回天上，将人间祥和安乐，祈求新年如意的情况禀告玉皇大帝。

清洁沐浴之后，人们就要开始装点门庭了，所谓"二十八，贴花花"。清洁是一个起点，美丽是更高的追求。

先说门神，最早的门神是桃木刻成的偶人，在先秦时期已经出现。汉代门神已演变为两个人形图像，他们分别是神荼与郁垒。传说神荼、郁垒是两兄弟，专门负责捉拿祸害人间的恶鬼。门神在后代不断增加，主要有钟馗、秦叔宝、尉迟敬德几位。

门神画是绘有门神形象的图画，后来绘画题材扩大，变成年节时期装饰屋宇、增添喜气的年画。古代门神画中多画鹿、喜、宝马、瓶、鞍等象征物。年画题材广泛，以喜庆吉祥为主题，如连年有余、金玉满堂、群仙赐福、招财进宝等。

乡村里的很多人家，门上都会贴这样的门神画，但是城市里很少见。这与城市建筑的改变有着很大的关系，因为两扇门到一扇门，使得成对出现的门神不再有合适的位置张贴，所以很多人也就淡漠了。

桃板、桃符及后来普遍出现的春联是新年大门的重要饰物。宋代以前门口悬挂的是桃符。桃符上写有辟邪祈福字样，一年更换一次。随着时代的变化，人们要表达的意愿越来越多，桃符上的字也就越写越长，逐渐形成了对仗工整的吉祥联语。于是出现了春联这一新年门饰。春联的最初起源虽然是在唐末五代，但以纸写联语普及社会的时代应该是在明清时期。清代皇宫也贴春联，但与民间用红色不同，清宫春联很多是用墨笔写在白绢上，再制作好边框，挂于宫殿朱红的柱子上。选用白色底，这一方面与满族尚白有关，另一方面也与皇宫门、窗、楹柱都是红色的特殊环境有关。宫中春联不长期悬挂，多在腊月二十六张贴，来年二月初三撤除。

岁末年终，最重要的还是年夜饭。年夜饭来源于古代的年终祭祀仪礼。随着家族社会的发展，多神祭祀逐渐演变为以祭祀祖先为主的腊日之祭。中国人的年夜饭是家人的团圆聚餐。

传统的年夜饭，充满寓意。南方地区的年夜饭有两样菜不可少：

一是有条头尾完整的鱼，象征年年有余；二是丸子，南方俗称圆子，象征团团圆圆。听闻苏州人的年夜饭俗称"合家欢"，其中有一样菜肴叫安乐菜——用风干的茄蒂杂拌其他果蔬做成。人们吃年夜饭，下箸必先此品，以求吉祥。传统北京人的年夜饭中必定有荸荠，谐音"必齐"，就是说家人一定要齐整。

南方除了菜肴，要吃糍粑或年糕，而北方一般吃饺子。饺子在中国起源很早，它能成为北方大年的标志食品，一方面因为饺子本身的美味，另一方面因为饺子是时间变化的象征物。在民俗观念中，新旧年度的时间交替在午夜子时，在除夕与新年交替之际，全家吃饺子以应"更岁交子"时间，表示辞旧迎新。此外，为了增加节日的生活情趣，有的地方在包饺子时，还在其中加入糖块、花生、枣，乃至钱币等物。谁吃到什么馅的饺子，谁就获得相应的好预兆：吃到糖块标志着生活甜如蜜，吃到花生就表示长生不老，吃到枣子意为早得子嗣，吃到钱币者自然表示新年会有好的财运。

除夕夜吃完年夜饭，就到了长辈给小辈压岁钱的时间了，以祝福晚辈平安度岁。压岁钱是孩子们新年最盼望的礼物。压岁钱相传起源较早，但真正流行是在明清时期。压岁钱有特制钱与一般通行钱两种。特制的压岁钱是仿制品，它的材料或铜或铁，形状或方或长，钱上一般刻有"吉祥如意""福禄寿喜""长命百岁"等。

明清时期通常用流通的银钱作压岁钱。这种压岁钱，有直接给予晚辈的，有的是在晚辈睡下后，放置其床脚或枕边。压岁钱本来是祝福的意义，但用流通的钱给孩子压岁，这就给孩子带来了自主消费的愉悦。这种情形恐怕是明清以后才有的新现象，它开启了压岁钱由信仰功能向节日经济功能转变的趋势。

民国以后，各钱铺年终特地开红纸零票，以备人们于压岁钱支用。当时还流行用红纸包一百文铜圆，寓"长命百岁"之意；给已成年的晚辈压岁钱，红纸包的是一枚大洋，象征"财源茂盛"。使用现代纸钞票后，家长们则喜欢选用号码相连的新钞票，预兆着后代"连连发财""连连高升"。

在辞旧迎新的除夕，人们以通宵不寐的形式守候新年的到来，称为"守岁"。旧时，年夜饭后，全家人围坐在火炉旁边，拉家常，聊未来，谈天说地，一直聊到五更天明，迎来新岁。后来，人们的生活里又多了一项守岁的娱乐活动——观看春节联欢晚会，这是电视普及之后人们生活常态的一种替换与更新。

守岁的习俗在中国有近两千年的历史，守岁的目的是祈求长命。因为是整晚不睡，人们要打起精神强坐，所以在北方俗语中称为"熬年"。为了阻止人们除夕睡觉，有的地方还形成了一种禁忌。传说如果这晚睡觉，第二年身体就不好。除夕夜，并不熬夜的人们熬个夜，也算是讨个好彩头。

伴随除夕守岁的便是不停的爆竹与焰火。在送旧迎新的日子里，人们尽情地燃放烟花爆竹。据传，新年燃放爆竹起源于原始宗教信仰。人们以此驱邪祈福。民间认为，鞭炮的响声，能驱赶鬼邪。《荆楚岁时记》记载：正月一日，"鸡鸣而起，先于庭前爆竹"，以驱逐山怪恶鬼。那时使用的方法真的是爆竹，就是将竹筒置于火中烧烤，使竹筒受热膨胀，最后爆出声响。直到唐宋时期仍然采用这种爆竹方式。宋代除了传统的天然爆竹，还出现了火药爆竹。这种火药爆竹不仅有霹雳的雷声，还有硝烟散出。爆竹散出的硝烟有消灭空气中病菌的功效，所以人们在瘟疫发生的时候，经常要燃放爆竹。

民间曾经流传着年兽的说法，说有一个名叫"年"的怪兽，经常在除夕夜出来吃人。因为年兽害怕红色的灯火，所以人们在门口挂上红灯笼，在庭院点燃红红的火焰，再燃烧爆竹，噼里啪啦作响，这样就保证了家人的安全。

明清时期火药爆竹更加流行。人们除了以爆竹驱傩，还用它来送神、迎神，以及接待拜年客。爆竹的声响增添节日气氛。清代北京除夕"爆竹声如击浪轰雷，遍乎朝野"。

苏州过年，锣鼓敲动，街巷相闻。送神之时，多放炮仗。炮仗有单响、双响、一本万利等名。还有一种成百上千的小炮编在一起的长鞭，响声不绝，名为"报旺鞭"。

近代以来，乡村春节鞭炮是年俗必有的项目。假如过年没有爆竹声，人们就会觉得心里空荡荡的。城市对于爆竹的控制慢慢加大了力度，可能是由于鞭炮常常会带来伤害，而且鞭炮带来的清洁工作十分繁重。传统如何与现代互融，还是一个需要深入研究的课题。

　　人们在响彻云霄的鞭炮声中迎来新年，旧年回天汇报的诸神，这时又带着新的使命回到人间。为了迎接新神，各家摆起香案，虔诚祭祀。新年"进酒降神"是汉代就有的传统，民间一直沿袭下来。新年人们迎回诸神，意味着重归人神共处的日常世界。正是这种年复一年的祭祀团聚，强固了家族的内聚意识，保证了家族的绵延。我们生在这个国度，长在这个国度。这方热土绵延生息了一辈又一辈的人，既是个体，又是团体。我们就是在这样的交叉中各自生活着，与人，与神，与自然。

文人雅士篇

才高：姜夔词作的愁思

　　人间离别易多时。见梅枝，忽相思。几度小窗幽梦手同携？今夜梦中无觅处，漫裴徊。寒侵被，尚未知。湿红恨墨浅封题。宝筝空，无雁飞。俊游巷陌，算空有、古木斜晖。旧约扁舟心事已成非。歌罢淮南春草赋，又萋萋。漂零客，泪满衣。

这是南宋文学家、音乐家姜夔的词作《江梅引》流露出的无所排遣的满腔愁绪，正是作者对自己命运的无奈感叹。姜夔一生命运多难，从父亲亡后，寄居在汉阳姐姐家，成年后曾数次参加科举，但屡试不中。后来结交多年的好友张鉴想帮他买官，被他拒绝，所以终生不曾入仕。姜夔文才颇高，曾与杨万里、范成大、辛弃疾等诗人相交，共同切磋诗艺。但其生活无靠、贫困潦倒，只有四处奔波，往返于鄂、赣、皖、苏、浙间，去做那些名公巨儒的幕僚清客，后病死于杭州。这首《江梅引》就代表了他作品的情调，清新雅致，但感伤异常。

白石道人（姜夔）

姜夔，别号白石道人，世称姜白石。在诗词之外，姜夔还是一个颇有建树的音乐家。在1186年到1197年间，姜夔记录下当时不少乐工故书所载的商调，每走到一个地方就十分留意当地的乐谱舞曲。1197年，姜夔凭借自己对音乐多年的研究和经验，完成《大乐议》和《琴瑟考古图》各一卷，用以改进宋时较混乱的音乐生活局面，希望复兴宫廷音乐。《大乐议》代表了宋人对音乐艺术的理解和最高追求。他能娴熟地运用七声音阶和半音，使曲调显得清越秀丽，而且自己填词自己谱曲。《白石道人歌曲》是流传至今的少有的带有曲谱的宋词（歌）集，其中包括他自创的十四首自度曲，为后人提供了一份了解当时音乐状况的可贵资料。

姜夔在音乐方面的最大贡献是歌曲的创作，现存《白石道人歌曲》中的作品，是我们唯一见到的能真实反映宋代词乐原貌的歌曲。他自称"颇喜自制曲"，自度曲顾名思义就是根据歌词自己创作新的曲调，利用民间流传各种乐曲的素材，另创新的词牌。姜夔自度曲的词曲均为己作，代表作有《江梅引》《古怨》《扬州慢》《杏花天影》《暗香》《凄凉犯》等。

姜夔在《扬州慢》中，用他温柔的笔头舐舐着扬州。唐时扬州的风貌还历历在目，可眼前的衰败，怎么也难以让他把口中含着的糖品出甜甜的滋味，而那细细如丝的酸苦泛上来，才是他真正能够触品到的最深最真的味道。不管是唐诗里的扬州，还是宋词里的扬州，都浓得化不开，丝丝入扣般钻入了白石道人的心里。二十二岁与杜牧当年一样风流年少的姜夔，让心底深处那片最柔软的地方，慢慢地酥瘫在扬州的"春风十里"和"黍离之悲"的天壤对比中。

《杏花天影》作于1186年冬天。姜夔从汉阳到吴兴，路过金陵，在船上"北望淮楚，风日清淑"，遂有感而作。柳丝低拂，水波荡漾，唤起作者对情人的怀旧之情，但是"春花秋月何时了，往事知多少"。面对金陵春天美景，想到自己客居他乡、四处漂流，不知何处是归宿，不由得倍添一腔愁绪。歌曲的音乐结构和《扬州慢》相同，千种愁思绵延不绝，使人更感凄苦悲凉。但跳跃的音符使歌曲在忧郁中也透出一股激情，变幻的音节也独有特色，的确是曲词俱佳的作品，难怪纪晓岚会称赞姜夔"音节文采，并冠一时"。

晚唐、五代的曲子，到宋代称为"词"，或称"小唱"。在"凡有井水饮处，即能歌柳词"的宋代，写词唱曲，上到皇帝、下至百姓，风靡全国。词是当时最流行的一种形式。民族矛盾和阶级矛盾，战争的灾难和人民的痛苦，使得风流倜傥、漂泊无依的白石道人痛彻心扉。幕僚清客生涯的局限只能让他那激昂的呼声化作凄凉的心情，在丝竹声声中寻求心灵的慰藉。如果把对姜夔先生的喜欢加以夸张，再牵扯其人生境遇，我们完全可以把他看作宋朝的偶像派流行乐手。

他飘零江湖，落魄孤苦，虽喜好交游，也多受名贵资助，甚至还是不少姑娘的偶像，但生活仍困顿窘迫，因此他总在绝望中寻求暂时的欢娱。他雪夜访范成大，遇到老前辈殷勤款待，内心充满温情。正在他要感慨时，风骚的小红出现了。望着眼前这位风情万种的姑娘，词人一时把持不住，连度两曲即后来名动千古的绝唱——《暗香》和《疏影》。可当他在晚冬清寒的天气里带着小红伫立在船头，面对山河茫茫，无处安身时，他只能泪流满面。

姜夔自度曲中有一首《凄凉犯》，这首歌是姜夔旅居合肥时所作。淮南的合肥是南宋边城。当时戍楼上凄凉的号角声，夹杂着渐渐远去的战马的嘶声，引起他无限愁思，于是写下了这首悲歌。此歌写成之后，姜夔曾到临安请宫廷乐工田正德用哑觱篥伴奏演唱，效果很好。

早年曾客居合肥，与一对善弹琵琶的姊妹相遇，从此与其中一位结下不解之缘，却因姜夔生计不能自足而不得不游食四方，遂无法厮守终老。正因为别多会少，两地相思的离恨也就经常在他笔下出现。每一首都深情、寒冷。淮南皓月冷千山，冥冥归去无人管。深情虽在，不作一句绮艳语、激烈语，一例地用冷色调，像寒潭中倒映的青绿山水。翻看姜词，能确知单为这段情感而写的词就有十余阕，而姜词现存也只八十余阕。

张羽的《白石道人传》中描写姜夔"体貌清莹，望之若神仙中人"，"虽内无儋石储，而每饭必食数人"，"性孤僻，尝遇溪山清绝处，纵情深诣，人莫知其所入，或夜深星月满垂，朗吟独步，每寒涛朔吹，凛凛迫人，夷犹自若也"。

一方面他不满眼前残破的河山与统治者的纸醉金迷，另一方面又跳不出狭小的生活圈子。青春年华也就是在漂泊羁旅中逝去。姜夔一生处在矛盾中不能自拔，只能在《扬州慢》《凄凉犯》等自度曲和填词之作中，通过委婉曲折的感叹，在"清妙秀远"的意境中，微微透露出几丝爱国的愁思。

才情:"千古第一才女"李清照

李清照

李清照,号易安居士,齐州章丘人,宋代婉约派代表词人,有"千古第一才女"之称。

李清照留给人们的印象,或许还是《点绛唇》里那个"倚门回首,却把青梅嗅"的小女孩,青涩、害羞、天真无邪、春心萌动。可那个"和羞走",假装嗅青梅想看看来的那个人是否未来夫君的情窦初开的芳龄女子,怎么就"此情无计可消除",跟"愁"字连在一起了呢?

欣赏着清澈见底、水石相激、淙淙有声的漱玉泉,品读着字字珠玑、余香满口的漱玉词,就走近了李清照,也许就读懂了她的情和愁。

李清照出生于一个爱好文学艺术的士大夫家庭，与赵明诚结婚后一同研究金石书画，过着幸福美好的生活。赵明诚外出求学，李清照思夫心切。《一剪梅》就是以灵巧之笔抒写了那眷眷深情：

红藕香残玉簟秋，轻解罗裳，独上兰舟。云中谁寄锦书来？雁字回时，月满西楼。花自飘零水自流，一种相思，两处闲愁。此情无计可消除，才下眉头，却上心头。

本来李清照已因丈夫外出而有所牵挂，如今面对这样一个荷残席冷、万物萧疏的景象，怎么能不生忧愁呢？这愁，即便是"独上兰舟"，也难以排遣，真盼着那深爱自己的丈夫寄来情书，一解心绪。可"才下眉头，却上心头"，真是"剪不断，理还乱，是离愁，别是一般滋味在心头"。李清照绝不是一般的只会叹息"贱妾守空房"的小妇人。她的愁，是离愁，是别绪，更是一种对甜蜜的细腻咀嚼。

相思虽苦，但甜蜜的爱情是人生最美的乐章。丈夫赵明诚风度翩翩，两人情投意合。赵明诚的父亲也在朝为官，两家门当户对。就像陆游的《钗头凤》为我们留下爱的悲伤一样，李清照为我们留下了爱的甜美。在父母之命、媒妁之言的封建时代，他俩能有这样的结局，真是天赐良缘，万里挑一了。这个爱情故事，经李清照妙笔的深情润色，成了中国人千余年来的精神享受。那首《减字木兰花》，是婚后的甜蜜，是对丈夫的撒娇，也透着她对自己美丽的自信。还有《醉花阴·重阳》里那彻骨的爱恋和痴痴的思念。

这个生于名宦之家，在少女时代即名噪一时的有才华的女人，因为宋王朝的新旧党争，与丈夫分开，饱尝相思之苦；后因金人铁蹄南下，南宋王朝自毁长城，赵明诚出师未捷身先死。李清照目睹了国破家亡，从开始的情仇，到家破人亡的家愁，再到江山沦陷的国仇，可谓是万古愁心！

一个心中有爱的感情丰富得如花的女人，正当她的艺术之树在爱的汁液浇灌下茁壮成长时，她的爱河被无情地斩断了，叫她怎么能不犯愁呢？

赵明诚死后，李清照居无定所，身心交瘁，不久嫁给了一个叫张汝舟的人。可张汝舟是一个只想占有她财物的伪君子，她只能又离婚，遭遇感情生活的痛苦。

在今天，男女结婚离婚是很平常的事，但在宋代，一个女人，尤其是一个知书达理的女人，再婚又离婚，就会遭遇莫大的歧视。很多对李清照的记载中，都是一面肯定她的才华，一面又无不以"不终晚节""无检操""晚节流荡无归"记之。

其实，节是什么呢？难道就是从一而终，就是嫁鸡随鸡嫁狗随狗吗？即使是，李清照也不认同，她快刀斩乱麻，甩掉了张汝舟这个脓包，全身心地投入《金石录》的编写。你能相信这是发生在近千年以前宋代的事吗？

金兵南犯，李清照带着沉重的书籍文物开始逃难，她身心颠沛流离。国已不国，君已不君，她这个无处立身的亡国之民，又怎么能不犯愁呢？大约在避难温州时，她写下这首《添字采桑子》：

窗前谁种芭蕉树，阴满中庭。阴满中庭。叶叶心心，舒卷有余情。伤心枕上三更雨，点滴霖霪。点滴霖霪，愁损北人，不惯起来听。

"愁损北人，不惯起来听。"听什么呢？是听祖逖的呼喊、陆游的叹息，还是听辛弃疾的无奈？

还有那首《武陵春》：

风住尘香花已尽，日晚倦梳头。物是人非事事休，欲语泪先流。闻说双溪春尚好，也拟泛轻舟。只恐双溪舴艋舟，载不动，许多愁。

行无依归，国家支离破碎，到处物是人非。这些愁，就是一条船也载不动啊。就像杜甫的"感时花溅泪，恨别鸟惊心"，李清照这时的愁，早已不是"一种相思，两处闲愁"的家愁和情愁，而是政治之忧、民族之痛。她是在替天发愁啊。

渐入暮年的李清照没有孩子，守着一孤清的小院落，身边没有一个亲人。国事已难问，家事怕再提。她忍受着超越时空的孤独。虽然她收集的文物汗牛充栋，虽然她学富五车、词动京华，但到头来落得个报国无门、情无所托、学无所专、形同怪异。她像是落在不着边际的深渊里，一种可怕的孤独从四面袭来。她像祥林嫂一样茫然地行走在杭州深秋的落叶黄花中，吟出这首浓缩了她一生和全身心痛楚的《声声慢》：

> 寻寻觅觅，冷冷清清，凄凄惨惨戚戚。乍暖还寒时候，最难将息。三杯两盏淡酒，怎敌它，晚来风急。雁过也，正伤心，却是旧时相识。满地黄花堆积，憔悴损，如今有谁堪摘。守着窗儿，独自怎生得黑。梧桐更兼细雨，到黄昏，点点滴滴。这次第，怎一个愁字了得！

是啊，情愁、家愁、国愁，怎一个愁字了得！官宦人家的千金小姐，本应享受着舒适的生活，可外美如花、内秀如竹的她，没有走一般女子的常规路线。她饱读诗书，视界开阔，气质高贵。少女时代的李清照就已静静地享受着娇宠和才气编织的美丽光环，后来在宇宙爆炸、时空激荡时，上天又发现了李清照更博大的艺术才华，没有让历史从她的身边白白走过。

身为女人，她既不能像岳飞那样驰骋疆场，也不能像辛弃疾那样上朝议事，甚至不能像陆、辛那样有政界、文坛朋友可以痛痛快快地使酒骂座、痛拍栏杆。她甚至没有机会和他们交往，只有独自一人愁。她曾有过美满的家庭，有过幸福的爱情，但转瞬就破碎了。她以非凡的才华和勤奋，又借着爱情的力量，在学术上完成了《金石录》巨著，在词艺上达到了空前的高度。但是，那是个"才藻非女子事"的社会。李清照还有什么话可说呢？她只好一人咀嚼凄凉，一人品读哀愁。

她是生在封建时代的一个有文化的女人。作为女人，她处在封建社会的底层；作为一个知识分子，她又处在社会思想的制高点。她看到了许多别人看不到的事情，追求着许多人不追求的境界，孤独悲哀在所难免。

无论对待政事、学业还是爱情、婚姻，她决不随波，决不凑合。国难、家难、婚难和学业之难，都折射在她那如黄花般瘦弱的身子上。她独自一人，艰难地走过那超越时空的孤独和无法解脱的悲哀。

她有自己做人的标准，顽强地守着自己的节操。她超群脱俗，如莲花出淤泥而不染。她是寂寞的，直到封建社会气数将尽时，才出了一个与她相知相通的秋瑾。

如果李清照像鲁迅笔下的祥林嫂一样，是一个已经麻木的人，也就算了；如果李清照是以死抗争的杜十娘，也就算了。她偏偏是以心抗世，以笔唤天。她凭着极高的艺术天赋，将这漫天愁绪又抽丝剥茧般地进行了细细地纺织，化愁为美，创造了让人们永远享受无穷的词作珍品。李词的特殊魅力就在于它一如作者的人品，于哀怨缠绵之中有执着坚韧的阳刚之气，虽为说愁，实为写真情大志，所以才耐得人百年千年地读下去。她一生的故事和心底的怨愁就转化为凄清的悲剧之美，她和她的词也就永远高悬在历史的星空。

蓦然回首，千年的风雨虽过，但那个立于秋风黄花中寻寻觅觅的美神仍在。

超然：隐士们的高节

说起中国的隐士，似乎陶渊明当属第一，就像元曲里所记："尽道边休官，林下何曾见？至今寂寞彭泽县。"就连一向看不起隐士的鲁迅也说陶渊明是我国赫赫有名的大隐。

还有一位就是"以梅为妻，以鹤为子"的杭州隐士林和靖，他生活在宋代，但不屑做官，在孤山上种梅养鹤，揽清风赏明月，宠"梅妻"护"鹤子"，水清浅处疏影横斜，月黄昏时暗香浮动，观庭前花开花落，看天外云卷云舒，活脱脱一个神仙。

三国时的诸葛孔明、汉代谋臣张良之类，他们智慧超人，神机妙算，俗众难望其项背。他们往往特立独行，气节高雅。淡泊旷达是他们的主要特点。唐朝王绩有诗《野望》记录了隐士们的高节："东皋薄暮望，徙倚欲何依。树树皆秋色，山山唯落晖。牧人驱犊返，猎马带禽归。相顾无相识，长歌怀采薇。"

超然物外，一腔隐情。诗人内心苦闷怅惘，因在现实中找不到相知相识的朋友，就只好追怀伯夷、叔齐那样不食周粟而上山采薇的隐逸之士了。阮瑀有诗《隐士》："四皓潜南岳，老莱窜河滨。颜回乐陋巷，许由安贱贫。伯夷饿首阳，天下归其仁。何患处贫苦，但当守明真。"这也道出了隐士们的高洁和超脱。

闲来翻书，隐士、高士、处士、逸士、幽士、高人、处人、遗民、隐君子等名称杂乱，列陈书中。隐士数量更是蔚为大观。自从许由、巢父以来，到民国初年的易顺鼎辈，中国隐士不下万人，其中事迹、言行历历可考者亦数以千计。但他们不管怎么"逸"、怎么"幽"、怎么"高"，都逃不开飘逸于喧嚣与浮华之外的一个"隐"字。"隐"是他们共有的特性，也是他们共有的文化人格，因而，他们被统称为"隐士"。

终身之隐的鼻祖当首推尧舜时期的许由、巢父。相传尧帝以天下让给巢父，巢父不肯受。尧帝又让给许由，而许由不但不肯受，还逃至颍水之阳。尧又派人苦口婆心地劝他做九州长官，而许由认为自己可为良民，而不可任高官，坚辞不受，到颍水边洗耳，认为名禄之言玷污了他的耳朵。正在许由洗耳之时，他的朋友巢父牵着一头小牛到这里准备给牛饮水，看到许由洗耳，非常奇怪，便问其缘故。许由说："尧欲召我为九州长，恶闻其声，是故洗耳。"巢父听了他的话，更为激动："子若处高岸深谷，人道不通，谁能见子？子故浮游，欲闻求其名誉，污我犊口。"为了不让许由洗耳所用之水沾染牛嘴，巢父牵着牛到上游饮水去了。由此，"许由洗耳""巢父饮牛"也成为隐居不仕的代名词。

巢湖洗耳池公园内的许由、巢父雕塑

许由、巢父的故事广为流传，在汉蔡邕《琴操》、魏嵇康《高士传》、晋皇甫谧《高士传》、唐欧阳询《艺文类聚》等都有记载，所记述的内容略有所不同。其中晋人皇甫谧《高士传》为二人立传，记述较为详细。巢父，已不知其姓名，只知他在树上筑巢并能安然沉睡。这种鸟类特有的本领，在巢父身上发挥得游刃有余，且不论其中的高超技能如何把控，但隐居深山，与自然有机融为一体，也是生活在俗世的人们难以企及的。许由，字武仲，阳城槐里人，"为人据义履方，邪席不坐，邪膳不食"。正义高洁，不与世俗邪恶同流合污，有面南而坐的机遇都能够丝毫不动心，着实不是平世凡人所能比目的。

巢父、许由鄙视名禄，不谋求世俗的利益，终身隐居不出，开创了有机会出世而坚决不肯出，以追求生活自由、标举生命价值为生活理想的一大隐逸流派。善卷则将这一派的隐逸思想较明确地表达出来。《庄子》中写："舜以天下让善卷，善卷曰：'余立于宇宙之中，冬日衣皮毛，夏日衣葛絺；春耕种，形足以劳动；秋收敛，身中以休食；日出而作，日入而息，逍遥于天地之间而心意自得。吾何以天下为哉！悲夫，子之不知余也！'遂不受。于是去而入深山，莫知其处。"

善卷拒绝舜的理由很明确，就是认为自己的生活理想就是"日出而作，日入而息，逍遥于天地之间，而心意自得"，追求自己喜欢的生活方式，不喜受制于人，也不愿受制于物。这一思想成为后世隐逸思想的核心，由石户之农、北人无择、严光、矫慎等人又不断完善，发扬光大。

为了捍卫这一理想价值，石户之农拒受舜以天下相让的请求，"夫负妻戴，携子以入于海，终身不反"；北人无择更是认为舜以天下相让是"以其辱行漫我"，而"自投清泠之渊"。这种以抛弃生命为代价来归隐的决绝行为，已经远远超出鄙视名禄、追求生活自由的范畴，更多的是对人生原则的坚守、对生命自由的捍卫。这种隐逸价值观至汉代严光时表现得更为透彻。

"天下熙熙皆为利来，天下攘攘皆为利往。"正如清朝郑观应在

《盛世危言》中所说："为民上者，以名利二字驰使天下，而天下之民趋之若鹜。"如今我们离许由、巢父的时代已经十分遥远了，但如果我们在滚滚红尘中，在面对虚浮之语、奢靡之音时，能够去"清水"边洗洗耳朵，也是一件值得肯定的好事。当然，如果能够像巢父那样，让自己所养之牛喝的水都不能够受污染，那何尝不是天下太平的大好事呢？

风流：张岱的精致人生

"少为纨绔子弟，极爱繁华，好精舍，好美婢，好娈童，好鲜衣，好美食，好骏马，好华灯，好烟火，好梨园，好鼓吹，好古董，好花鸟，兼以茶淫橘虐，书蠹诗魔。"这是明末清初散文家张岱在《自为墓志铭》中对自己的摹写。

细细体味，我们能够深切地体会到张岱对自己清醒的认识，这是他在晚年的一种自省。可无心栽柳柳成荫，殊不知正是这种劣顽品性和广泛兴趣，造就了一个博物大家。

张岱，一名维城，字宗子，又字石公，号陶庵、陶庵老人、蝶庵、古剑老人、古剑陶庵、古剑陶庵老人、古剑蝶

张岱

庵老人，晚年号六休居士，浙江山阴人，祖籍四川绵竹。

张岱出身于一个仕宦家庭，小时候作为富贵公子，生活奢靡异常。可到了他四十八岁那年，国破家亡。他则避居浙江剡溪山中，穷愁潦倒。他坦言自己只能"避迹山居，所存者，破床碎几，折鼎病琴，与残书数帙，缺砚一方而已。布衣蔬食，常至断炊"。他不得不在垂暮之年，以羸弱之身，亲自舂米担粪。今昔生活强烈的反差，可以说天上地下，恍如隔世。于是他"沉醉方醒，噩梦始觉"，笔耕不辍坚持著述，让生活注满回忆，让心灵暂时安静栖息。

张岱广泛的爱好和审美情趣，更是展露了他的博雅风流。他喜游山玩水，深谙园林布置之法；他懂音乐，能弹琴制曲；他善品茗，对茶道颇有研究；他好收藏，有着超凡的鉴赏力；他通戏曲，编导评论追求至善至美。他在玩赏流连中获得生活的高雅清逸，在放浪形骸、纵情感官声色之中傲世愤世。正是这样的家庭出身，这样的社会思潮、人文氛围，造就了张岱的纨绔习气和名士风度，决定了他的创作内容，才出现了《琅嬛文集》《陶庵梦忆》《西湖梦寻》《三不朽图赞》《夜航船》《白洋潮》等绝代文学佳品，成就了一代散文大家。

他的作品，无论是回忆与追思，还是梦想与现实，都透视着浮华与苍凉。浪漫自由、天马行空的性情，狂放不羁的态势，都展现在那朦胧隐约的色调中。后来，年届知天命的张岱经历了天翻地覆的巨变，在物资极度匮乏、精神状态非常矛盾痛苦的情境下，张岱用他那清淡天真的笔触，刻写国破家亡之痛。那些寓情于境、意趣深远的千字小品文风神绰约地洋溢出来，精练的笔墨透着诗的韵味。张岱也因此在晚明散文作家中独树一帜，清新自然，代表作是小品集《陶庵梦忆》和《西湖梦寻》。

对于张岱来说，"西湖"是张岱的精神寄托，《西湖七月半》是张岱对生活的完整判断。《西湖七月半》从开篇就与众不同，他不看月，却先看人，通过他的价值判断，把看月者分成了五种人：第一种人是名门贵族，由一群仆人和歌伎侍候着，坐在月下，看的却是灯影中的歌舞和嬉笑；第二种人是名媛闺秀，把自己的所谓美丽与优雅秀在露台上，只顾谈笑，却忘了头顶的月；第三种人是跑来偷闲的僧人，和着歌伎的曲声看月，却也期待着别人的注目；第四种人是衣冠不整的醉汉，来回乱闯，大呼小叫，他们看所有的景，所有的人，也什么都不看；第五种人是一群共坐的友人，煮些小茶，饮些小酒，他们坐在隐匿之处，看月，而不愿被人看。

对于这五种人，张岱并没有给予任何评价，但这并不等于他没有任何想法。任何人看人，都会带有某种色彩，含有一种自然而然的褒贬，这是人之常情。张岱没有浪费一言一词，却在无声中以自己的兴致与情趣逐一反驳了五种"七月半之人"。第五种人略显孤傲、高洁、清静，这类人是张岱所欣赏的，或者说，是张岱自己的一面镜子，但又与张岱不同。张岱可以等待，在成群的所谓"看月人"走后，张岱才开始赏月。为了自己所寻求的氛围，他可以等到

"人去楼空"，细细地体味，达到自己渴望的境界。他的心灵来去自由，在玩味世态之后，他依旧能够一尘不染。他着力描摹杭州的繁华和喧闹，但又没有深陷其中，而是冷眼旁观，毫无感情地审视眼前的世界。对眼前活力四射、如沸如撼的杭州，他不声不响地加以描述。他像是一个坐在这个世界之外的看客，他热心地讲述着，却冷漠地置之度外。也许，正是这样，才映照了繁花似锦之后的炎凉和落寞。

《湖心亭看雪》也是讲西湖，却平淡而深情。"天与云、与山、与水，上下一白。湖上影子，惟长堤一痕，湖心亭一点，与余舟一芥，舟中人两三粒而已。"没有任何耀眼的画面，没有艳丽多彩的生活，平淡无奇的景色，却充满了张岱悠长的情感体验。文章特别描写了两个在湖心亭对坐饮酒的身影，并借舟子的口对他们作了最高的评价："莫说相公痴，更有痴似相公者。"这里的"痴"，正是张岱最高的人生境界。因为"痴"，张岱选择了躲避于世外，只有当纷繁散去之后，他才能定睛专注地欣赏心中的那轮明月。说到"痴"，很容易想到贾宝玉。贾宝玉生于金陵，晚张岱百年左右。宝玉之阅尽大观，正如张岱繁华奢靡散尽苍凉自来。历史那么相似，故事像又在重演。

借助内心钟爱的西湖，张岱淡淡地表达出了自己的孤傲与执着，表达出一种自我回归的精气。读着他的文字，感受着他的风格，你便可以了解他的出身，懂得他一生未曾入仕的无奈，感知那国破家亡的凄凉情愫。西湖原本只是一泓风景秀丽的湖水，但是到了张岱笔下，却变成一个完整的社会，一个包罗万象的世界。借着这样迷离的世界，张岱的思绪与意趣若隐若现，看似无形，实则贯穿其中。

综观张岱毕生的足迹，南不过绍兴，北至兖州。在天柱欲折，四维将裂的煎熬时刻，张岱见证了王朝更替，社会变革，繁华苍凉。但在他内心深处那块最柔软最痴情的地方，仍然给记忆和梦想留着，那是一片不能入侵的领域。他认为，在那里，只要有人追忆，往事就不必如烟，于是他把他心灵深处的矛盾诉诸简洁而透明的文字，让人生情趣洋溢在怀旧的苍凉心绪之上，让旷达与痴情的纯美意境传达出茕茕孑立的孤独。他尽其所能一点一滴挽回对明朝的回忆，让读者在文字之外感受到时代的阵痛，也逐步确立他自身的存在价值。

风雅：苏轼的诗画人生

苏轼

在才俊辈出的宋代，苏轼的诗、词、文、书、画都取得了登峰造极的成就，是中国历史上少有的文学和艺术天才。苏轼是一位多产的诗人。其诗笔力纵横，豪放雄奇，内容丰富，信手拈来，饮食起居无不为诗。叶燮《原诗》说："苏轼之诗，其境界皆开辟古今之所未有，天地万物，嬉笑怒骂，无不鼓舞于笔端。"这个评价绝不为过。

苏轼婚后不久，应邀去黄庭坚家做客。才到那里，仆人就赶来请他马上回去，说夫人有急事。黄庭坚有心讽刺，吟道：幸早里（杏、枣、李），且从容（苁蓉为一味中药）。苏轼头也不回，蹬上马鞍就走，边走边说：奈这事（奈、蔗、柿）须当归（当归为中药名）。一次，苏轼和佛印乘船游览瘦西湖。佛印大师突然拿出一把题有东坡居士诗词的扇子，扔到河里，并大声道：水流东坡诗（尸）！当时苏轼愣了一下，但很快笑指着河岸上正在啃骨头的狗，吟道：狗啃河上（和尚）骨！

在被贬黄州的时候，他写下了著名的打油诗《猪肉颂》：净洗铛，少着水，柴头罨烟焰不起。待他自熟莫催他，火候足时他自美。黄州好猪肉，价贱如泥土。贵者不肯吃，贫者不解煮。早晨起来打两碗，饱得自家君莫管。这里的"净洗铛，少着水，柴头罨烟焰不起。待他自熟莫催他，火候足时他自美"，就是著名的"东坡肉"烹调法。"东坡肉"后来名噪杭州，成了当地的一道名菜。

再如，他写于海南贬所的《谪居三适》，把"理发""午睡""洗脚"等琐事入诗，以俗入雅，妙趣横生。如果说其他人写诗还是一种风雅，那么苏轼写诗已经达到了一种化境，把必达之隐、难显之情都化诸笔端，融入生活了。赵翼《瓯北诗话》称赞他说："以文为诗，自昌黎始，至东坡益大放厥词，别开生面，成一代之大观。"

苏轼开豪放词派的先河，扩大了词的题材，丰富了词的意境，冲破了诗庄词媚的界限，对词的革新和发展作出重大贡献。"乌台诗案"后，苏轼被贬至黄州任团练副使，相当于现在的治安联防队副队长。在这一困顿境遇下，苏轼保持了良好的心境。他带领家人在黄州城东的山坡上开荒种地，贴补生活，闲暇时间就到处题赋游玩。大量绝世名词如《临江仙》《卜算子·黄州定惠院寓居作》等等就是在这个时期写出来的。

他在《临江仙》里写道："夜饮东坡醒复醉，归来仿佛三更。家童鼻息已雷鸣。敲门都不应，倚杖听江声。长恨此身非我有，何时忘却营营。夜阑风静縠纹平。小舟从此逝，江海寄余生。"苏轼在诗中表现出一种超人的旷达，一种不以世事萦怀的恬淡，一种在精神上对自由和宁静的向往，一种磊落豁达和襟怀。

他在游黄州赤壁时，更是写下了《念奴娇·赤壁怀古》的千古佳作："大江东去，浪淘尽、千古风流人物。故垒西边，人道是，三国周郎赤壁。乱石穿空，惊涛拍岸，卷起千堆雪。江山如画，一时多少豪杰。遥想公瑾当年，小乔初嫁了，雄姿英发。羽扇纶巾，谈笑间，樯橹灰飞烟灭。故国神游，多情应笑我，早生华发。人生如梦，一樽还酹江月。"这首词融景物、人事感叹、哲理于一体，感慨古今，雄浑苍凉，大气磅礴，唤起人们对人生的无限感慨，给人以撼魂荡魄的艺术力量。

不过，苏轼在这里犯了个地理错误：三国赤壁在武汉上游，而黄州赤壁在武汉下游，此赤壁非彼赤壁。苏轼题词的这个赤壁现在被叫作东坡赤壁。当然，以豪放见长的苏轼，在生活中也不乏婉约情怀。妻子王弗去世后，他亲手在妻子的坟旁种植了几万株松树以寄哀思，十年后又专门为亡妻写下了《江城子·记梦》："十年生死两茫茫。不思量，自难忘。千里孤坟，无处话凄凉。纵使相逢应不识，尘满面，鬓如霜。夜来幽梦忽还乡。小轩窗，正梳妆。相顾无言，惟有泪千行。料得年年肠断处，明月夜，短松冈。"这首词被誉为千古第一悼亡词。苏轼的词现存三百四十多首，与辛弃疾并称"苏辛"。刘辰翁《辛稼轩词序》说："词至东坡，倾荡磊落，如诗，如文，如天地奇观。"

苏轼自称"平生好诗仍好画"。他擅长行、楷书，与黄庭坚、米芾、蔡襄并称"宋四家"。他绘画跟写诗一样，喜欢直抒胸臆，求神似，重寄托，将创作当作主观情性的自由表达，认为画中是否有诗意取决于画家是否有诗情、是否有非以绘画形式表达不可的情感波澜，主张绘画要"出新意于法度之中，寄妙理于豪放之外"，形容自己的画是"空肠得酒芒角出，肝肺槎丫生竹石。森然欲作不可回，吐向君家雪色壁"。

《画史》记载，苏轼曾画墨竹，但不分节，从地一直起至顶。有人问他为什么这么画？苏轼回答说："竹子生长时也不是一节一节长出来的啊！"这种率性而为的画法，正是他绘画主张的绝佳体现。他提倡"诗画本一律，天工与清新"，并明确提出"士人画"的概念，为其后"文人画"的发展奠定了理论基础。正是经他的提倡和实践，重视神似、注重写意的文人画开始与匠画区分开来。

苏轼的文学艺术成就与他的性格、他的人生态度有着密不可分的联系。他胸怀旷达，不因人废事。对差点给他带来断头之灾的王安石的诗才欣赏有加，称赞他："此老乃野狐精也。"王安石去世后，更在敕书中称赞："瑰玮之文，足以藻饰万物；卓绝之行，足以风动四方。"他淡泊超脱，在人生极端失意时，仍不忘用他的如椽大笔抒写对生活和人生的感悟。在密州"为报倾城随太守，亲射虎，看孙郎"，在黄州"长江绕廓知鱼美，好竹连山觉笋香"，在惠州"日啖荔枝三百颗，不辞长做岭南人"，即便是到了当时荒芜的海南儋州，他仍然非常乐观，"九死南荒吾不恨，兹游奇绝冠平生"，"他年谁作舆地志，海南万里真吾乡"。

他视金钱如草芥，总能苦中作乐，做到物我两忘。苏轼复官后，曾跟黄庭坚乱侃："我在牢里时，每天吃的是三白饭，照样很香甜。世间美味不过如此！"黄庭坚问什么叫三白饭，苏轼答道："一撮盐，一碟生萝卜，一碗米饭，这就是'三白'。"晚年居于常州时，他花掉了最后一点积蓄，买了一所房子，正准备择日迁入住，偶听到一老妇哭得十分伤心。他问老妇哭什么。老妇说她有一处房子，相传百年了，被不肖子孙所卖，因此痛心啼哭。细问之下，原来苏轼买的房子，就是老妇所说的祖传老屋。于是苏轼对她说："妪之故居，乃吾所售，不必深悲，当以还妪。"苏轼当即焚烧了房契，只是租房子住。这年七月，他客死在租住的房子内。

苏轼的一生，是悲壮的，充满了坎坷和苦难；他的一生，又是诗画般的，富有才情和创造力。他深厚、广博，令人万分倾倒而又望尘莫及；他旷达、诙谐，能挺起生活的重压而笑对人生。他没有刻意去洞明世事，也没有执意去练达人情，靠着适意自然的豁达，铸就了他的诗画人生，也成就了他一生的风雅。

高洁：严光的避世风骨

严光

严光，字子陵，浙江余姚人。据《后汉书》载，严光"少有高名"，曾与刘秀同窗。刘秀即位后，严光隐姓埋名，避至他乡。

跟"光武中兴"的帝王曾经是同学，而且两人的交情非常好。这在常人看来，朝里有人好做官，严光是到了应该可以飞黄腾达的时候了。可刘秀即位后，严光却改名换姓过起了隐居生活。这样的洁身自好，这样的铮铮风骨，不能不令那些趋炎附势者们汗颜。

据史书记载，当时光武帝爱慕他有才有德，曾多次想重用他，都被他断然地推脱了。刘秀即位之初，曾派人画了他的形貌到全国各地明察暗访。后来，齐国有人上书，说："有一位男子，披着羊皮衣服在沼泽中垂钓。"皇帝怀疑是严光，就备了可坐乘的小车、黑色和浅红色的布帛，派使者去礼聘严光，但接连三次都被严光回绝了。

后来，刘秀想利用宰相司徒侯霸同严光的私人感情，请他出山为朝廷做事。司徒侯霸就派人给严光送去书信，说自己公务繁忙身不由己，希望严光天黑的时候过去跟他说说话。耿直高傲的严光哪里会理会这样的借口，就丢过去一片竹简对来人口授回信说："君房足下：职位做到宰相，很好。身怀仁爱，辅佐正义，天下就会喜悦；阿谀奉承，顺随旨意，脑袋就要搬家。"司徒侯霸把回信封好呈给了皇帝。皇帝虽笑严光"狂奴故态"，但当天就去了严光住的宾馆。严光却架子挺大，硬是躺着不起来。当皇帝走到他的卧室，摸着他的腹部请他帮助治理国家时，他却假装睡着了，过了好一会儿才睁开眼睛端详着光武帝，忽然翻身坐起，说出了下面的话："从前尧帝那样有德有能，也还有巢父那样的隐士不愿出去做官。读书人有自己的志趣，你何必一定要逼我进入仕途呢？"言之凿凿，有凭有据，作为天之骄子的皇帝竟然不能使他顺从，只能登车叹息而去。

也许你觉得这是天方夜谭，是痴人说梦，可是严光确确实实是这样说的，也是这样做的。而这样说、这样做的结果还并不坏。严光不仅没有下十八层地狱，反而得到了更大的礼遇。

光武帝并没有死心，仍然费尽周折把他请到了洛阳，安置在富丽堂皇的深宅大院。虽然住在都城洛阳，严光却绝不肯与朝廷显贵往来。光武帝去拜见他，他也不行君臣之礼。当光武帝把他请进宫，促膝谈心，向他请教治国之道时，他论古涉今，说理精辟，滔滔不绝，口若悬河，光武帝听得眉飞色舞。两人一直谈到深夜。光武帝留他同床睡觉时，他不仅不推辞，还叉开双腿躺在床上，沉沉入睡，竟敢把一条腿搁到皇帝身上。光武帝为了不惊动他，竟一夜没有睡好。

皇帝与一介布衣同床睡觉，别说是在封建社会，就是在今天，这也是不可思议的事情！严光不但做到了，而且做得惊天动地、世人皆知。

这样说是因为这惊动了当时的钦天太监。他夜观天象，以为有客星冲犯了帝座，对万岁不利。光武帝听到禀报后哈哈大笑，说："哪里是什么客星冲犯帝座，是朕与好友子陵同床而眠，他的一条腿搁朕身上了。"这惹得钦天太监惊慌失措。皇帝早早起床，可严子陵还在熟睡。从此，严子陵这个"客星"的雅号就名扬四海。他家乡的山被称为"客星山"，桥被叫作"客星桥"。如今，余姚四碑亭的严子陵碑文中，也有"依然城廓客星高"的诗句。

就是这样，严光也有自知之明，他深知官场的深浅和自己的秉性，最终不辞而别，只留给刘秀一封信以谢罪，而后来到了风景秀丽的富春江畔隐居不出，品享着归隐之乐。

虽然世事难料，但自己的人生还是可以自己主宰的。

建武十七年，刘秀再次派使者征严光进京做官。严光听到了消息赶紧回到余姚，躲在陈山脚下的月德寺中。使者闻讯追寻而来。那天正好下大雪，积雪很厚。严光急中生智，倒穿芒履上了陈山。使者见雪上有脚印，向山脚寻找一番，结果没有找着。后人有诗云："避士入隐意不凡，倒拖芒履上陈山。客星高照古渡在，山高水长仰先贤。"

刘秀礼贤下士，但严光到底还是不肯做官。他归隐于富春山，八十终老于家。

刘秀听到了他去世的消息，十分悲伤，令地方政府出钱百万，谷千斛，将他葬在故里陈山。据传，光武帝刘秀曾为严光亲书"高风千古"和"清节流芳"八字，表彰他的高洁风骨。严光归隐，钓鱼耕田，打发余生。对他不事权贵的做法，历代有口皆碑。唐代建起了严陵祠。北宋政治家、文学家范仲淹仰慕他的高节，特为他修建了祠堂，并作《严先生祠堂记》，赞誉道："云山苍苍，江水泱泱，先生之风，山高水长。"

像这样一位视富贵如贱土，但求清风明月的高士，怎不叫人敬慕万分！他的子孙，又怎能不引以为豪！

自东汉以后，对严光不仕光武帝之事，世人仁者见仁，智者见智。范仲淹将其视为景仰的楷模；朱元璋却将严光视为"罪之大者"，认为他只求个人安逸、不为天下苍生造福，根本无德可言；王安石则留有"迹似磻溪应有待，世无西伯可能留"的诗句，将严光隐居理解为怀才不遇后的无奈选择；也有论者将严光视为沽名钓誉之徒，如清朝有诗批评严光："一袭羊裘便有心，虚名传诵到如今。当时若着衮衣去，烟水茫茫何处寻？"

熟谙历史的毛泽东，则认为严光颇具远见卓识。毛泽东曾经说过："如果你的官很大，可是真理不在你手里，也不能服从你。"在他看来，严光与刘秀之间虽然不存在真理在谁手里的冲突，但是在那个"专制时代"，严光不屈于上的勇气，在封建士大夫中确是"高尚不可及哉"。不过，毛泽东对严光坚辞不仕的态度却不以为然，他认为严光应当如同早他二百年的张良辅佐汉高祖，出任光武帝的辅相，为此，还跟同学萧瑜争论了整个黄昏。

严光虽然能够"正风俗"，却没有出来为朝廷做事，不能不令人憾然。

不管怎样，严光还是严光。后人的评价，丝毫没有影响这位隐者的归隐乐趣。严光的隐居，既不是为了求大官，也不是为了得厚禄，而是以隐为乐、高风亮节的真隐。他以与皇帝的较量为代价，来标举一种社会风尚，以自己的实际行动追慕巢父、许由，把隐逸作为"高风亮节"之举与全社会共勉，为归隐者赢得了崇高的社会地位。

严子陵一生博学多才，他先拒绝王莽新朝，后又不肯接受朋友刘秀所请，洁身自好，风骨高洁。屹立在桐庐县富春江镇的严子陵钓鱼台，今天已成为著名的旅游胜地。但时隔两千多年，当你驻足流连忘返时，是否还能感受到严光的高洁风骨和他的归隐之乐呢？

豪放：辛弃疾以气使词

辛弃疾，一生有光复故国的雄才大志却得不到施展，一腔忠愤发而为词，成为南宋词坛一代大家。他的词热情洋溢、慷慨悲壮、笔力雄厚，以豪放为主，达到了常人难以企及的高度。

辛弃疾流传于世的词作共有六百余首，为两宋词人中作品数量最多的一位。他的词内容丰富，风格多样。早在南宋时期，辛氏

辛弃疾

的一位友人刘宰在其《贺辛待制弃疾知镇江》一文中，就曾经对他的词有过"驰骋百家，搜罗万象"的赞美。比辛弃疾稍晚的南宋词人刘克庄在他的《辛稼轩集序》中，也曾赞誉辛词"大声镗鞳，小声铿鍧，横绝六合，扫空万古"，"其秾纤绵密者，亦不在小晏、秦

郎之下"。

　　世人只看到他的成就，却很少有人看到他风光成就背后的辛酸。辛弃疾南归之后饱受官场的排挤和摧残，最终也未能实现收复中原的毕生夙愿。但也正因为他在军事方面的抱负全盘落空，故把心智和情趣投入写作。虽然是这样，在作品创作中，他也很少流露当时众多南宋词人的哀怨迷离，而是始终以一颗昂扬向上、永不言败的赤子之心在写作。

　　辛弃疾是一位能以豪迈气魄写出韵味独特、意境深远曲折的杰出词人。词中情感的抒发是他用"心"和"血"泣成的，真挚动人。他保家卫国却壮志难酬的曲折的人生经历更为他的词抹上了一笔浓重的传奇和悲壮的色彩。所以说辛词对传统的突破，乃是他个人和整个家国命运相结合的必然结果，故辛词风格之特色乃在其处处有盘旋郁结之姿。这与苏轼作为才子天赋出众、释然胸襟故能对诗词的开拓，其本质上是相当不同的。

　　在国破山河碎的民族危难之际，辛弃疾站在民族立场上，反对南北分裂，渴望国家统一，对国事表示了深切的关注。他的爱国词是他抗金情怀的抒发，是宣传、鼓舞抗战之声，是昂然激愤的抗战之歌。他一生为抗战而奔走呼号，紧扣时代跳动的脉搏，即使人处暮年、已过花甲，也仍然站在时代的最前列，为抗战摇旗呐喊，发出时代最强的音符。这呐喊，就像鲁迅一样，以笔为剑，深深刺向金兵的胸膛，激励了南宋乃至以后的爱国人士为保家卫国而勇往直前。辛弃疾以自己独特的方式奏响了自己的爱国心曲。这成为南宋抗金战场上，一面鲜明和鼓舞人心的旗帜。

辛词由于受韩愈的"气盛言宜"影响，再加之自己的人生感悟，以其独有的"以气使词"，变歌者之词、文人之词为英雄之词。其内涵为作者道德修养、精神状态的"气"，其外在的表现则为文章的气势。辛词有别于传统的婉约词一派，以其忧愤深广的沉郁风格和摧枯拉朽的凌厉风格，也给词坛注入了生气刚力。

但同时也不要简单认为辛词尽是豪放之语，他的诗词中也有婉约之影。但他能寄豪于婉，豪婉并济，是辛之婉约词不同于情愁哀怨、个人为先的婉约词的可贵之处。一般的闺愁、宫怨词，主情于个人恩怨，即使对统治者有所不满，也是极其软弱的。而辛弃疾笔下的这类词，貌似是个人情感，实际上寄托的是对国家危亡兴盛的殷切关怀。所以越是婉转曲折，情感越是深厚浓郁，也越能表达对腐朽的统治阶级的怨恨和不满。比如，《摸鱼儿·更能消几番风雨》，乍看去是一首情意缠绵的宫怨词，而我们却能从中感受到词人为国家民族焦虑得发烫的一颗爱国之心。表面上写的是美人被君主抛弃，实际上是写英雄被朝廷忽略。辛弃疾把英雄报国无门、请缨无路的怨怒不平之气一泻俱出，打破了婉约词一贯信守的"温柔敦厚"。词评家陈廷焯在仔细研读这首词之后，无限感慨地叹道："怨而怒矣！"

辛弃疾的婉约词，无论是在内容上还是在形式上，既有一般婉约词中的柔情，也有辛词中特有的豪迈，柔中带刚，刚中济柔，形成了辛词特有的风格，这对于婉约词风的发展有巨大的推动作用。虽然说辛弃疾的婉约词在反映现实及抒发情感时没有他的豪放词那样激动人心、激昂澎湃，但是它也有自己艺术表现上的优势。特别是在处理细节上，使用这种婉约的手法反而更能打动人心，侧面烘托和反映词人渴望家国统一、人民安居乐业的美好愿景。因此，辛弃疾的婉约词在反映现实的深度和广度方面是词史上任何一个婉约词人无以相比的。加之作者词法娴熟，有深厚的艺术功底，能自如地运用各种艺术表现手法和技巧，再融合词人真挚的情感和抱负，使词作具有极强的感染力。有人用"肝肠如火，色貌如花"来概括他的婉约词，确实生动贴切。读这样的辛词，不仅能使人在精神上得到升华，也能从中品味到诗词的艺术魅力和美感。

辛词之所以能有这样的成就和风格，与他的出生背景不无关系。辛弃疾的出生地——山东济南，处在儒学文化的中心地域。他的文学素养、人格品质都深深受到儒家文化的影响。他曾自称"孔之徒"，作品中常引用《论语》《孟子》《礼记》《易经》等经典中的原文，表现出明显的对儒家文化的认同和推崇。而儒家文化在他身上也体现得相当明显。他一生积极入世，以匡扶北宋为己任，至死不渝。他浑身洋溢着高昂的战斗激情，并主要以豪放的风格，在绝大多数诗词作品中表达了努力进取，将金人赶出中原的毕生执念。例如，在《鹅湖夜坐》中一句"我亦思报国，梦绕古战场"，生动地为我们描写了词人渴望冲杀在古战场，收复失地，为国效力的远大志向。特别在南渡之初，辛弃疾年轻气盛，不谙官场时事，作品中处处是豪言壮语、激扬文字。

但由于辛弃疾积极入世的思想和态度总被现实无情打压，为了排遣这一人生困境所带来的内心矛盾，他曾追效庄子与陶渊明，力图通过文化精神的修养，建立一种旷达闲适的心境，和这种悲愁怨愤的情感世界相抗衡，但不是萎靡不振，有的只是他深沉感情的真挚流露。

最能表现他这种矛盾的就是对他梦境的描写，梦中辉煌，但梦醒凄凉。他能做梦，更善于写梦。据统计，在他现存的六百多首诗词中，有九十首左右是关于梦境的描写。他执着于描绘梦境，热衷于对梦境的再想象，把抽象的个人情感以这种方式生动而又逼真地再现在我们眼前。只要认真地感悟辛弃疾词中的梦境，就能走进他丰富的情感世界，解读其伟大人格。

我们都说"日有所思，夜有所梦"，辛弃疾也是这样。白日里惶惶不可终日的内心，在夜晚，在梦里，加上了词人潜意识里的真正意念，并真实地表达了出来。写作就如做"白日梦"。在词中，他把自己的情感淋漓尽致地表露无遗。因此，辛弃疾描写梦境的词数量颇多、内容丰富、成就颇高，其根本原因就在于他对抗金事业的锲而不舍的追求，在于他对自己不得志和遭遇的强烈不满，在于他关注人生不甘寂寞。换句话说，梦想与事实之间的矛盾冲突，使他的梦想只能游离在现实之外，而这样的痛苦又丰富了他的情感世界，创作出一篇又一篇的惊世之作。命运为辛弃疾关上了实现人生抱负的门，却又在别处为他开启了文学艺术的窗。

辛词之所以好，而且好到难以令人模仿，乃是因为其词中深含了其他词中所少有的真挚情怀和旷世豪情，无论是对古典的运用还是借景抒怀抑或寓情于景，他总能自然不着痕迹地呈现出来。这才是辛词之所以在词人辈出的宋代能独树一帜、成一代豪迈词风的真正缘故。

奸雄：白脸曹操冠带辉煌

我国京剧脸谱色彩含义丰富，红色一般表示忠勇侠义，白色一般表示阴险狡诈。京剧舞台上，白脸曹操冠带辉煌，高唱："世人害我奸，我笑世人偏。为人少机变，富贵怎双全？"世人口中的"奸雄"，京剧当中的白脸，《三国演义》里的无数典故，把曹操堆砌成奸诈的化身。

曹操

然而，即便是"亲刘贬曹"的罗贯中，也不得不为曹操的才情与智勇所折服，也不得不承认他是"治世之能臣，乱世之奸雄"。给曹操下"乱世奸雄"定论的第一人，是与曹操同时代的人物评论家许劭，他说曹操是"治世之能臣，乱世之奸雄"。

曹操在乱世之中，壮大了势力，统一了北方，并为魏国的建立打下了非常好的基础，人们对他评价应该是很高的。可是后来，偏安一隅的南宋统治者在情感上更多地认同蜀汉政权，曹操的地位就被贬低了，由"魏武帝"逐渐沦为地狱里的小鬼和戏曲里的白脸奸雄。就连编撰《三国志》的陈寿也不客气地送给他"历观古今书籍，所载贪残虐烈无道之臣，于操为甚"的名号。《三国演义》中，曹操在世人眼中就是一个心狠手辣，只会叫嚣"宁要我负天下人，不要天下人负我"的奸雄。

没有哪一个人生下来就想成为坏人，曹操也是这样。他出身于宦官之家，十六岁举孝廉任城门典校卫。设十二色杖，不分贵贱，一旦违反出入城规，皆与杖责。这体现了他的"忠信"。二十岁那年，曹操通过察举制，成为洛阳北部尉。这个官职相当于今天首都的某个公安分局的局长。曹操一上任，就在衙门立起了五色大棒，违法乱纪的，无论皇亲国戚还是权贵豪富，一概棒杀，毫不留情。

东汉末年的政局糟糕透顶，宦官弄权，正直之人屡被废退杀害。曹操多次上书直言，希望改革朝政，但是效果微乎其微。后因黄巾起义，曹操被起用任骠骑都尉，他奋力破敌，忠勇依旧。他每到一处，惩治贪官污吏，还是延续着严厉正直的风格，当然也得罪了不少人，所以他的官运也是浮浮沉沉。

可黄巾刚灭，董卓又入京，他不守臣节，废汉少帝，改立汉献帝，从此败坏纲纪。曹操夜带七星宝刀只身前往行刺，与荆轲不相上下。行刺失败后，董卓怀疑他时他又随机应变，说是来献宝刀，骗过董卓后就星夜飞离京城。可见曹操的有勇有谋。董卓的倒行逆施，最终激起民怨，并树敌无数，十几路诸侯挑起了反抗董卓的大旗。曹操就是其中之一。

虽然讨伐董卓联盟的盟主是袁绍，但曹操是第一个散尽家财组织义兵的。他打起讨伐国贼、匡扶汉室的旗号，所向披靡。董卓很快战败，可暴虐的董卓狗急跳墙，火烧洛阳，把都城迁到了长安。具有远见卓识的曹操，认为反董联军应该一鼓作气，歼灭国贼，可他的盟友们看不了那么长远，他们不愿追随曹操。曹操就自己发兵追击董卓，结果寡不敌众，差点丢了性命。盟军们还是各自为政，不仅不赞同曹操提出的军事计划，还自相残杀了起来。

这时的曹操恍然大悟，他立志要靠自己的实力积蓄实力，改变现实。从此，曹操成为"挟天子以令诸侯"的霸者。而这也正是曹操生前身后屡遭非议的来源。

李催、郭汜作乱，汉天子蒙难，天下诸侯却无人问津，甚至还有人落井下石。天子危难之时，曹操主动站出来奉天子于许都，结束了献帝饥寒交迫、身无遮体之衣、头无挡雨之瓦的悲惨生活。就算这是出于某种目的，但是作为臣子，他尽到了自己的本分。曹操在官渡之战中战胜袁绍，进而统一北方，结束了北方的战乱局面，让北方的人民免受战火踩躏，使他们能专心发展经济和农业。曹操"治世之能"此时表现得游刃有余。

在曹操的强大军事压力之下，天下那些想趁乱自立为帝的人都被扼杀在了摇篮之中，袁术之流的皇帝梦想便是被这位大汉王朝最后的守护者捏碎的。本来实力足以定天下的曹操最后放弃了这个唾手可得的宝座，只是将自己立为魏王。这种表率作用在天下所造成的影响是可想而知的，如曹操自己所说："设使天下无有孤，不知当几人称帝，几人称王。"曹操之举无疑让本来已经成为空壳的大汉王朝皇帝威仪延续了几十年。

曹操用人不拘一格，只要你是人才，不论什么出身他都会予以适当重用。就算是降臣，如果有才，又真心效力的话，曹操会毫不犹豫地重用，如贾诩等人。这符合曹操"疑人不用，用人不疑"的选才原则。就是这种"用人唯才"的用人方针才使曹操拥有了一支让他纵横天下的谋士团队。

天下人称曹操奸雄，主要是因为他为了达到自己的目的不择手段，心狠手辣。首先在其逃避董卓通缉时，由于其多疑，错杀了吕伯奢全家，并当着陈富的面，叫嚣了一句："宁要我负天下人，不要天下人负我。"

真正让他沦为汉贼的事件是其挟天子以令诸侯，并视汉天子于无物。天子是天下之主，作为臣子必须像尊敬自己父亲一样去尊敬他。曹操虽位极人臣，但始终是大汉王朝的臣子，对天子如此无礼，肯定不是一个忠臣应该有的作风，如此大不敬的罪名奠定了曹操"名为汉臣实为汉贼"的称谓。

相信倘若曹操生在治世，必定是个不可多得的能臣。然而当时的乱世注定他必须背负起"汉贼"的骂名来收拾分崩离析的汉家天下。朋党、外戚、宦官争权夺势使汉朝走向衰败。这时必须有一个强有力的人出来撑住局面。事实证明，只有曹操建立的魏国具有统一天下的能力。"汉贼""乱臣"的骂名只是对前朝愚忠的愚民的缰锁。识得时务的人，谁说曹操不是英雄？

曹操是一个强人，有巧取豪夺的能力，横冲直撞的勇气，抑强扶弱的智慧。他的产生既是个人际遇，也是历史的必然选择。

忧患：逆境成长的范仲淹

范仲淹

范仲淹，字希文。祖籍邠州，后移居苏州吴县，北宋时期杰出的政治家、文学家。范仲淹"先天下之忧而忧，后天下之乐而乐"的名言流传千古，然而范仲淹本人的一生实在是忧患多于欢乐。

范仲淹从婴儿到入仕，可以说一直都是生于忧患当中。989年，范仲淹生于真定府。这时候，他的父亲范墉刚来这里做节度掌书记。范墉卒于武宁军节度掌书记任上，而他去世的时候范仲淹才刚两岁。

父亲病逝，母亲谢氏孤苦无依，便改嫁长山朱文翰。范仲淹也就改姓朱，取名朱说。此后范仲淹便随朱文翰从宦于州安乡、淄州长山等地。范仲淹的童蒙教育很早就开始了，此后的教育也一直没有荒废，这显然需要有朱文翰的支持。

后来朱文翰在长山做官时，范仲淹便自己和刘姓同学一起在长白山醴泉寺里刻苦读书。这段读书的日子还是比较艰苦的。他们两人每天煮一锅粟米粥，等到粥凉凝结以后，就用刀划分为四块，早晚各吃两块。每日的菜就是半钵盂水加点盐和几段韭菜。这样的苦读生活，一过就是三年。后来范仲淹有诗说自己是"长白一寒儒"，指的就是这段在长白山"断齑画粥"的日子。

在长白山读书几年后，范仲淹离开了朱家，只身去了南京，到那里的应天府书院继续读书。之所以离开长白山去南京，据说是范仲淹终于发现了自己的身世。因为朱氏兄弟花钱大手大脚，范仲淹多次加以劝告。朱氏兄弟终于忍不住了，就抢白道："我自用朱家自己的钱，关你什么事？"范仲淹一听此话大惊，难道自己不是朱家的吗？这时候就有知情人告诉他说："你是姑苏范氏之子，后来太夫人带着你改嫁朱氏。"

知道了自己家世的范仲淹，感愤不已，决定自立门户，于是就毅然离开朱家去南京读书。范仲淹这时已经二十三岁了，在这个时候才知道身世，说明朱文翰待仲淹母子应该还是不错。在此之前，朱文翰显然是将范仲淹与朱家兄弟一视同仁，而朱氏兄弟也是在无意之间说出这种话。因此，范仲淹的这次出走游学倒不是对朱家不满，只是自伤身世，不愿再依傍他人，希望自己能够重振家风。

应天府书院是当时四大书院之一，读书条件也都相对好些，但范仲淹的读书生活依然艰苦。范仲淹在书院经常是衣不解带，昼夜讲诵，夜深倦怠了，就用冷水洗把脸，也是常常难得吃饱饭。有同学馈赠珍馐，但他很要强，都谢绝了。

有一次，当时的真宗皇帝路过南京，大家都出去看热闹，一睹圣颜，只有范仲淹不为所动，照常待在房间里读书。有人问他为什么不出去看看，范仲淹答道："皇帝终归是要见的，以后再见不迟。"孟子曾有言："天将降大任于斯人也，必先苦其心志，劳其筋骨，饿其体肤，空乏其身，行拂乱其所为，所以动心忍性，曾益其所不能。"怀抱着自强自立的心情，范仲淹在逆境中奋进，困而学之。在书院又攻读了五年，不但身通六艺，也磨炼了坚强的意志。在书院里，范仲淹写了一首《睢阳学舍书怀》：

白云无赖帝乡遥，汉苑谁人奏洞箫。多难未应歌凤鸟，

薄才犹可赋鹪鹩。

瓢思颜子心还乐，琴遇钟君恨即销。但使斯文天未丧，

涧松何必怨山苗。

范仲淹没有对自己的不幸身世自怨自艾，对于艰苦的读书生活，他以颜回为榜样：人虽不能堪，而自己乐在其中。他也相信，斯文未丧，天生我材必有用。范仲淹以后能够忧国忧民，宠辱不惊，不汲汲于富贵，是与他早年的这种艰苦游学经历分不开的。

然而在书院学成之后，自负王佐才的范仲淹仍然是志不得伸，

他的逆境还远没有结束。在应天府书院苦读了五年后，范仲淹参加了大中祥符八年的科举考试，进士及第，时年二十七岁。这一年共有一百九十七人考中进士。及第后范仲淹被任命为广德军司理参军。后又到了亳州，做了四年的幕职官。接着，范仲淹又到泰州做了一任官，监西溪盐仓。

到了亳州之后，范仲淹奉母命归宗复姓。在上表中，范仲淹写道："志在投秦，入境遂称于张禄。名非伯越，乘舟偶效于陶朱。"陶朱、张禄分别是春秋战国时期的范蠡和范雎，他们因为别有怀抱，于是改易姓氏，或投奔外国，或隐遁江湖。

范仲淹在留泰州的时候，看到了泰州前任副长官吕夷简的《西溪看牡丹》诗："异香浓艳厌群葩，何事栽培近海涯。开向东风应有恨，凭谁移入五侯家。"范仲淹对诗中所表达的失落感不以为然，和了一首诗："阳和不择地，海角亦逢春。忆得上林色，相看如故人。"此外，他还写了一首《西溪书事》："卑栖曾未托椅梧，敢议雄心万里途。蒙叟自当齐黑白，子牟何必怨江湖。"这首诗表现了他的豪迈情怀。

范仲淹的前半生忧多乐少，但他并没有以自己"一心之戚，而忘天下之忧"，在沉沦下僚的时候，范仲淹也并没有因此消沉。范仲淹入仕之前在应天府书院攻读时，母亲天天在家烧香拜佛。因为范仲淹久而不归，母亲常常暗自啜泣，眼睛也差点因此失明。范仲淹任职广德军司理参军时，就将母亲接了过来，侍养尽孝。然而范仲淹一直官途不顺，将母亲接到广德以后，依然过着贫俭的生活。

范仲淹后来在给孩子的信中曾回忆当时的清苦生活，提到范仲淹的妻子自己做一切家务事。后来改官幕职官时，因为没有盘缠，范仲淹只好卖掉家里唯一的马筹资上任。天圣四年，仲淹三十八岁的时候，母亲去世。母亲清苦一生，而自己仕宦不显，未及荣亲，使母亲到了晚年都未能过上好一点的生活。范仲淹痛感自己未能报答母亲的养育之恩，一直到老都念念不忘。

天圣五年，晏殊来做应天府的长官。他推荐范仲淹执教应天府，范仲淹于是回到了母校任教。范仲淹在学校两年多，非常敬业，为了督导学生，经常住在学校。晚自习的时候，范仲淹经常会到学舍突击检查，有次看见有偷偷睡觉的，就揪起来责问。学生谎称："刚才读书疲倦了，刚刚躺下。"范仲淹问："未睡的时候，在读什么书？"学生就胡乱说一本。于是范仲淹就取书提问，回答不出就受罚。严师出高徒，四方从学者辐辏而至。好多日后的宋学名流都曾就读于此，如孙复、石介等。范仲淹的初次教学，就出手不凡，显示出一个优秀教育家的潜力，这一段教学经历也为日后范仲淹的积极兴办地方学校积累了丰富的经验。

在逆境中成长的范仲淹，培养了自己的忧患意识。从少年苦读到出将入仕数十载，范仲淹用自己的毕生心血向我们诠释了其"先天下之忧而忧，后天下之乐而乐"的高尚情操。其吃苦在前，享乐在后，以天下百姓之忧为己忧，以天下众生之乐为己乐的处世精神折射出其心忧天下、以民为本的伟大情怀。

《孟子》中写道"生于忧患，死于安乐"。居安，需思危。一味地沉溺于享乐，会使我们停滞不前。在我们暂得安逸之时，应想到以后的打算，随时迎接困难的来临。在我们略得成就时，应记得成果的来之不易，而能再次准备战斗，赢得挑战。

责任：顾炎武的家国情怀

顾炎武

顾炎武，明末清初思想家、学者，南直隶昆山人，初名绛、继绅，字忠清，后改名炎武，字宁人。顾炎武强调学以经世，自身以至天下国家之事，都应探究原委，提出"保天下者，匹夫之贱，与有责焉耳矣"的名言。

治国平天下是中国古代士大夫的远大政治抱负。作为一名处在中国刚刚进入转型时代的传统士人，顾炎武正是怀着建设家国的坚强信念及高度的社会责任感，最早提出了"天下兴亡，匹夫有责"的政治理念。

顾炎武在《日知录》中说："有亡国，有亡天下，亡国与亡天下奚辨？曰：易姓改号，谓之亡国。仁义充塞，而至于率兽食人，人将相食，谓之亡天下。……是故知保天下，然后知保其国。保国者，其君其臣，肉食者谋之；保天下者，匹夫之贱，与有责焉耳矣。"这段话，被梁启超概括为"天下兴亡，匹夫有责"。

这段话包含着三层意思。第一，"亡国"与"亡天下"，"保国"与"保天下"的区别。"亡国"是指在国家处于执政地位的统治者被新的统治者所取代，即王朝更替；"亡天下"则是指国民伦理道德严重沦丧。"保国"是指统治者维持和巩固其执政地位与既得利益；"保天下"是指包括统治者在内的全体国民，培养和保持其应有的做人良知与道德本性。

第二，"保天下"与"保国"的联系和区别。统治者应该以身作则地努力培养和保持其做人应有的正能量品质，以自己高尚的道德行为来引导和化育天下民众，使民众也都具有做人应有的良好德性，这样才能保住自己的执政地位而坐稳江山。怎样才能保住执政地位而坐稳江山，这是统治者自己的事，无关乎百姓，但培养和保持做人应有的品德节操是事关每一个人、事关天下的兴亡，即使是普通民众也不能置身事外。

第三，提出维护社会道德，"保天下"人人有责。顾炎武强调，伦理道德是国家赖以存在的文化基础，仁义道德是人之所以为人者的本原。如果一个人丧失了其做人应有的道德品质，他就成了"无本之人"；如果一国之人普遍丧失了做人应有的道德品质，那就意味着要"亡天下"了。从"天下兴亡，匹夫有责"的观念出发，顾炎武尖锐抨击当时腐朽颓废的社会风俗，提出了"拨乱反正，移风易俗"的政治建设之主张。

顾炎武一生著述丰富，著有《日知录》《音学五书》《天下郡国利病书》《亭林诗文集》等书。因其学术与思想上的成就非凡，顾炎武被视作一代宗师，却有一段相当悲壮的家史。顾炎武所属之顾氏一族，早在三国时期就已是江南大族，历经千余年风霜，积累下显赫家世，同时沉淀出一股深厚家风。这种家风的主要特点，就在于对民族、对国家的一种忠贞情怀。

顾氏多文人，在学而优则仕的古代，这些文人也大多从政为官。在家风熏陶之下，他们尽忠职守，在国家危亡之时，他们挺身而出。比如，顾炎武的曾祖父顾章志，进入仕途之时，朝中有严嵩父子专权，虽然同僚都忙着前去巴结讨好，但他始终冷眼相对，保持距离，不与之同流合污，丝毫不惧"得罪"权臣会有什么后果，在当时官场属于罕见的异类。

将这种家风传于顾炎武的人，主要有四人：他的父亲、爷爷、生母和嗣母。前两人虽然学富五车，却因为奸臣当道而不愿为官，从小教导顾炎武要读有用之书，做有用之人，忠诚于国家民族。后两人，则是知书达理的大家闺秀。特别是嗣母王氏，在丈夫去世之后，按照族内规定，将年幼的顾炎武过继到家中抚养，不仅视如己出，还特别重视对其进行家风教育，经常以岳飞、文天祥、方孝孺等爱国英雄的事迹进行激励。

在顾炎武成长之时，明朝则正在步入覆灭。朝政腐败黑暗，北方新兴的女真族已成为巨大外患，内部又有许多揭竿而起的义军。乱世之时，正是仁人志士报效国家之际，无奈腐朽的封建王朝根本就不是他们可以报效的对象，像顾炎武这样的读书人，更是报国无门，屡屡受挫，又屡屡奋身而起，甚至不惜以书生之手，迎面向敌，拔剑而战。

在北方女真族建立清朝政权，突破山海关，打入北京之后，明朝残余力量又在南京拥立一个皇帝，建立起一个朝廷来。许多人将恢复山河的希望都寄托在这个朝廷上，其中便有顾炎武。在赶去南京的路上，他奋笔疾书，将自己生平所学与抗敌之事结合，写下了许多军事战略与内政整顿方面的建议。

不料，顾炎武还没到朝廷，朝廷就先没了。在朝廷已亡的情况下，他选择了投笔从戎，加入了当地的抵抗队伍。然而当时清朝正处于上升时期，其军队战斗力强悍，又有许多明朝降将做"参谋"，因此抵抗队伍很快就被击溃。死里逃生的顾炎武，又转到下一个战场，继续抵抗。

下一个战场就是他的故乡。他的故乡也在英勇抵抗多日之后，终于支撑不住，城破失守。野蛮的清军展开了大屠杀。顾氏族人多有死伤，顾炎武的生母被砍断一臂，两个弟弟则被杀害。居住在故乡附近的嗣母王氏幸免于难，但不愿苟活于世，绝食十五日后殉国。死前她给顾炎武留下遗训："我是一个妇道人家，但也蒙受了国家恩惠，现在为国而死，那是大义所在。你不投降为敌国臣子，不辜负国家给予顾氏的恩惠，不忘记顾氏先祖的遗训，那么我在地下也就可以安然长眠了。"顾炎武后来在一篇纪念嗣母的文章中，写下了"呜呼痛哉"四个字。"呜呼痛哉"，不仅是为家而痛，更是为国而痛。

此后，长期生活于清朝统治下的顾炎武，一直没有放弃抵抗，秘密从事抗清活动。大约是出于对其学问的敬仰，以及对其在民间威望的畏惧，清朝统治者始终没有将其"拿下"的举动，反而屡屡以高官厚禄进行拉拢。他当年的一些战友，随着岁月流逝，感觉光复无望，纷纷转而去清朝当官，唯独顾炎武始终没有屈服。他在四十五岁时，变卖家产，开始游历天下，联络四方豪杰之士，寻找抗清起义的理想根据地。其间，他还千里迢迢，十次到明朝历代皇帝陵墓之前痛哭祭拜。

然而，他的两个外甥却禁不住诱惑，做了清朝官吏。清朝统治者通过这层关系，又对顾炎武进行了拉拢，名义则是编纂《明史》。顾炎武则表示，如果强迫自己答应的话，那就只能学屈原殉国了。在此后给外甥的书信中，他又借编史一事告诫他们，切不可忘记国与天下的区别，更不可忘记顾氏家风之中有对于国家和民族的忠诚。

苦吟:"推敲"炼字的诗人贾岛

孟郊死葬北邙山,日月星辰顿觉闲。

天恐文章中断绝,更生贾岛在人间。

《全唐诗话》记载韩愈赠给贾岛的诗里是这样说的。虽然有人说这不是韩愈的诗,但至少可以代表当时的人们对贾岛的评价。后来的人常常以"险僻"二字来评论贾岛的诗,那实在是不怎么恰当。

苏东坡关于诗文的评论向来一鸣惊人,"郊寒岛瘦"的说法就是他提出的,可谓是概括得准确、生动和形象。金人元好问也称"郊岛两诗囚",这话虽说未免过于苛刻,倒也颇能道出二人写诗的态度和风格。

贾岛

孟郊求险逐奇，常常醉心于词句的琢磨。贾岛作诗喜苦吟，他在造句上非常下功夫。大家熟知的"推敲"典故，就出在他身上。

据说，贾岛行坐寝食，都不忘作诗，而且常常走火入魔，惹出了不少麻烦。其中就有两起交通事故：一次是去访问李凝幽居，于驴背上得"鸟宿池边树，僧敲月下门"之句。其中"敲"字又欲作"推"字，一时未定。神思恍惚，结果又撞上韩愈的车马。一次是骑驴过街，没注意行人。当时秋风萧瑟，黄叶飘零，便信口吟出"落叶满长安"之句。寻思上联，忽以"秋风吹渭水"作对，喜不自胜，结果撞上"市长"大人的车马，被拘留一夜了事。传说虽不完全可信，但他那份痴迷，则是有根据的。他曾在"独行潭底影，数息树边身"这两句诗旁注有一小诗："二句三年得，一吟双泪流。知音如不赏，归卧故册秋。"可见他在锤炼词句上下的功夫之深。

贾岛一生不喜与常人往来，《唐才子传》称他"所交悉尘外之士"。他早年出家为僧，法号无本。曾到洛阳拜谒韩愈，因诗才深得赏识，所以还俗，可是仕途不顺，屡举进士不第，中进士后又因诽谤罪被贬职。唐会昌三年，贾岛升任为普州司户参军，可未受命而身先卒，终年六十四岁，安葬在安岳县城南安全山麓。他的朋友苏绛为他写了"贾司仓墓志铭"，记述贾岛生平、死葬日期和地点等。清乾隆年间，安岳县令徐观海在墓前建造"瘦诗亭"。后来的县令斐显忠又进行重建，并立牌坊，至今尚存。

贾岛取法号无本，是无根无蒂、空虚寂灭之意，可见他当时的决心，是想一辈子吃斋念佛了。后来因为韩愈的劝说，还俗应试，虽中了进士，但他仍心神不宁。正可谓是"为僧难免思俗，入俗难弃禅心"。有诗为证："发狂吟如哭，愁来坐似禅。""名山思遍往，早晚到嵩丘。""终有烟霞约，天台作近邻。"他对佛门的清净，仍怀向往之情。但是说归说，做归做，说做之间矛盾丛生。他的一生，正是在这双重性煎熬中度过的。

　　他因满腹牢骚而出家，所以虽身在佛门，却未能忘却尘世的烦恼。在洛阳为僧时，政府规定，僧人午后不得出寺。作为出家人，遵守佛规清律是本分，不许出就不出。可他觉得不能忍受，这束缚了他的自由。于是感叹道："不如牛与羊，犹得日暮归。"虽佛法无边，他仍不能够静下心来修身养性，所以不论是为僧，还是还俗，对他来说，都很富有挑战性。

　　据《旧唐书》《全唐诗话》及苏绛为贾岛写的墓志铭等记载，贾岛是当时范阳郡人。唐代设置的范阳郡，包括现在的大兴、房山、昌平、顺义等县。春秋战国时期，这一带属于燕国。英雄豪侠慷慨悲歌，成了传统的风气。正如贾岛在五言绝句《剑客》中写的："十年磨一剑，霜刃未曾试。今日把示君，谁有不平事？"显然，骨瘦如鹤、气短力微的诗人是想借剑喻己，想让人赏识罢了。

　　唐代的举子要想在科场上显露头角，往往要疏通关节，寻找坚强的靠山。可他出身微贱，朝中无亲无故，缺乏强有力的外援，所以他没有出路。而他认为，正是由于受到公卿的压抑，正是由于社会的不公，他才无力回天。因为平定叛乱有功的晋国公裴度，聚敛甚多，在长安有高第。他从裴度庭院经过，吟道："破却千家作一池，不栽桃李种蔷薇。蔷薇花落秋风起，荆棘满庭君始知。"他憎恨权贵，蔑视权贵，完全不把他们放在眼里。

唐代有两位诗人的作品，提到同一件事情。安奇诗云："骑驴冲大尹，夺卷忤宣宗。"李克恭诗云："宣宗谪去为闲事，韩愈知来已振名。"当时的情景大概是这样的：唐宣宗微服出游，行至寺中，闻人吟诗，便循声登楼，见案上诗卷，便取来浏览。贾岛在后面，一手夺走。他不认识宣宗，便瞪眼嚷道："郎君鲜食美服，哪懂这个？"事后知道宣宗身份后，他十分紧张，赶忙伏阙待罪。朝廷给了他一个长江县主簿的小官，将他贬出长安。这段故事太像演绎，不大靠谱，但颇见贾岛的秉性。

然而，贾岛之所以成名，却并非由于他的英雄气概，而是由于他的苦吟。

贾岛的苦吟，实际上是在炼意、炼句、炼字。每句诗和每个字都经过反复地锤炼，用心推敲修改。但写成之后，又一点也看不出修改的痕迹，好像完全出于自然。而他的炼意，尤使得他的作品具有引人入胜的意境。例如，他的《渡桑干河》："客舍并州已十霜，归心日夜忆咸阳。无端更渡桑干水，却望并州是故乡。"

这首诗字句看似平易，但意思曲折。这样含蓄的诗意，即使反复咀嚼，也是值得玩味值得品读的。像"鸟宿池边树，僧敲月下门"中关于"推"和"敲"的取舍，用"推"字也未尝不可，只不过用了"敲"字，就能体现出一种声音的美，也更衬托出夜深人静时的意境。

当然，尽管也有人能举出若干证据，说贾岛的诗对于后来的诗坛发生了不良影响。像宋代的江湖诗派，明代的竟陵诗派，清末同治、光绪年间流行的诗体等，一味追求奇字险句，内容贫乏，走入了形式主义的怪圈。但如果把这些都归罪于贾岛，实在是有损公正。各个时代诗歌流派的优缺点，应该从各个时代的历史条件和社会背景中寻找根源。

贾岛长年生活在穷困潦倒之中，虽曾得到韩愈的奖掖与资助，但并没使他摆脱现实生活的困顿。《唐才子传》说他居京三十年，屡试不中"连败文场，囊箧空甚，遂为浮屠"。所以在他的诗中，像"泪""恨""死""愁""苦"这样的字眼随处可见。比如，他在《戏赠友人》中写道："一日不作诗，心源如废井。笔砚为辘轳，吟咏作縻绠。朝来重汲引，依旧得清泠。书赠同怀人，词中多苦辛。"正因为诗人长年困顿不堪，所以才可能深入地接触社会，咀嚼其中的苦和悲，其诗才更见性情和艺术。

虽然贾岛曾写过"松下问童子，言师采药去。只在此山中，云深不知处"这样超脱闲逸的诗，但他的诗，多是靠"苦吟"而成的，所以仍旧显得面窄而雕琢。

　　孟郊和贾岛作诗，总爱搜肠刮肚、苦思冥想地遣词造句，再加上诸方面客观因素的影响，所以诗作中具有"寒瘦窘迫"的风格也是自然的事情，他们都堪称中国诗史中的"苦吟诗人"。所不同的是，在当时，孟郊乃"五古"大家，而贾岛为"五律"的领袖。

顺势：识时务者为俊杰

"时务"是什么呢？《辞海》中，时务是指"世事"。《汉书·昭帝纪》曰："光知时务之要，轻徭薄赋，与民休息。"《癸卯岁始春怀古田舍》诗云："秉耒欢时务，解颜劝农人。"看来，在古代，时务主要是指"农事"，后来才演绎为带普遍性、趋势性的政治和社会生活。

《三国志》注引《襄阳记》："识时务者，在乎俊杰。"这意思是能认清当前的重大事情或客观形势的才是杰出人物。可见，时务应该是指世事中的主旋律或主流，而不是某种小插曲或支流，因此，顺应世事主旋律的人才可称为俊杰之才。

水浒英雄好汉聚义梁山并能创就一番丰功伟业，不能不说这一百零八位壮汉是识时务的英雄。混世魔王樊瑞在芒砀山遭遇梁山部队，开始时顽固不化，耍各种魔法进行抵抗，后来，听手下说宋江如何义气，便道："既然宋公明如此大贤，义气最重，我等不可逆天，来早都下山投拜。"次日一早便下山，投靠了宋江。公孙胜在破辽、剿灭田虎、平定王庆后，抽身退步，归隐山林，从师学道，侍养老母，以终天年。鲁智深生擒方腊后，大彻大悟，自然天性腾空，在六和塔圆寂。武松不愿进京朝觐，一心一意做清闲道人，在六和寺出家。浪子燕青不贪恋仕途，无意于加官封爵，还劝卢俊义纳还原受官诰，私去隐姓埋名，寻个僻静去处，以终天年。卢俊义不听，他只得自己投奔他处。公孙胜、鲁智深、武松、燕青等，可谓知进退存亡之机也。

与公孙胜、鲁智深、武松、燕青等相比，宋江、卢俊义等梁山头领就是"不识时务"，依靠雄厚的力量，他们完全可以帮助宋王朝铲除蔡京、高俅等奸佞，然后辅佐宋皇帝安邦定国，使人民安居乐业。可是，他们没有，他们只是寄希望于招安，在独揽朝政的奸佞之臣之下，让他们为梁山代言。尤其是在征方腊后，梁山势力被严重削弱，一百零八人，只剩得三十六个。另外，他们病的病，残的残，状况很是凄惨。这时候的宋江等还是希望班师回京，衣锦还乡，就连玉麒麟卢俊义也不信朝廷会辜负他们，没有意识到大祸临头，虽苦恋功名，但也是功名不到头，没有摆脱惨死的结局。

"识时务者为俊杰"，怎么样可以算是识时务呢？古人所谓"时务"，即今人常说的"新形势"，"识时务者"自然是善于适应新形势的人。"识时务"，说来容易，实则困难重重。宋江等梁山好汉，处在千年之前的宋朝，自身的局限性本就在所难免。再说，当局者迷，旁观者清，真正能做到识时务的又有几个？所以，在剿灭田虎、

连环画《水浒传》

平定王庆后，宋江郁郁不乐，即兴赋诗一首，充满悲哀忧戚之思。当时正值暮冬，景物凄凉，也正映射出宋江等好汉的悲凉心境，这不能不说是宋江等对自己境遇和前途的一种忧虑。开弓没有回头箭，既然已经这样，也只能硬着头皮走下去。小说的最后，宋江怕毁了他一世英名，用药酒毒死李逵，也不能不说是他对自己选择的无奈和后悔。

也许正应了那句老话："天下大势，浩浩荡荡，顺之者昌，逆之者亡。"而知道"应时而变"者更为难得。识时务者为俊杰，顺潮流者乃英雄。能认清形势或潮流的人才是英雄豪杰，平庸的人怎么能看清天下大势？今天，我们在做出抉择时应该认清时务，应时而变。

只有这样，才能成为"识时务"的俊杰。

有一个故事最能说明问题。有一天，一只狐狸走到一个葡萄园外，看见里面水灵灵的葡萄垂涎欲滴。可是外面有栅栏挡着，无法进去。于是它一狠心绝食三日，减肥之后，终于钻进葡萄园内饱餐一顿。当它心满意足地想离开葡萄园时，发觉自己吃得太饱，怎么也钻不出栅栏了。

笔者相信任何人都不愿做这样的狐狸，老子说："福兮，祸之所倚；祸兮，福之所伏。"走运时要做好倒霉的准备，倒霉时也不要垂头丧气，一分为二地看问题。记得饱带干粮，晴带雨伞，只有点滴积累，才会水到渠成。有的东西今天似乎一文不值，但有朝一日也许就会身价百倍。只要头脑清楚，认清形势，立场明确，态度积极，不做与政策背道而驰的事情，明白谁是可以团结的、谁是不可以团结的，任何时候都不要随风倒，因为随风倒只会让你一无所有。

众所周知，知己知彼，百战不殆。处理问题要方法得当，知道自己的长处，自己的弱点。了解对方的优势，对方的短处，还要注意扬长避短。眉毛胡子一把抓，那是不得要领。还要有坦荡的胸怀，不受一时的局限。把好的传统发扬光大，敢于斗争，善于斗争，认真分析，承认现状，提出方案，务实肯干，克服危机。最后是要积极自信，做事掌握要领，有大无畏的知难而进的精神，把一切敌人都看作纸老虎，但不要目空一切、盲目自大。

重要的是，要时刻注意分析，学习客观形势，用冷静的头脑对眼前的情况做出正确的判断，才可能会有所作为。能做到这些，你离一个真正的识时务者的距离就不远了。

　　识时务者为俊杰。当对手强横无比，而自己又一无所有时，唯有顺应时势，才不致因彼此对峙而有所耗损，这不是胆怯，不是懦弱，而是退而积蓄力量。公孙胜、武松、燕青等人的识时务，是认清了当时统治者的本质，而自己无力改造现状，又不愿与之同流合污。识时务，在关键时候能够保存自己的实力；识时务，是看清自己所处的位置，摆正自己的位置，该急流勇退时就急流勇退，该迎难而上时就义无反顾。

脱俗:"梅妻鹤子"林逋

> 林逋隐居杭州孤山,常畜两鹤,纵之则飞入云霄,盘旋久之,复入笼中。逋常泛小艇游西湖诸寺,有客至逋所居,则一童子出,应门延客坐,为开笼纵鹤。良久,逋必棹小船而归,盖尝以鹤飞为验也。

> ——宋·沈括《梦溪笔谈》

"梅妻鹤子",顾名思义,以梅为妻,以鹤为子。北宋隐逸诗人林逋一生不娶不仕,心甘情愿放弃锦衣玉食的生活,投身大自然清新纯朴怀抱。飘逸潇洒如此,实在不是凡俗之人轻易做到的。

"众芳摇落独暄妍,占尽风情向小园。疏影横斜水清浅,暗香浮动月黄昏。"和靖先生的这首《山园小梅》,脱略花之形迹,着意渲染梅花清绝高洁的风骨,把梅品、人品融到一起,不知牵动了多少文人雅客的心。从此,咏梅之风盛行。苏轼、王安石、陆游、辛弃疾、杨万里、梅尧臣等,都写过许多咏梅诗词。苏轼甚至还把林逋的这首诗,作为咏物抒怀的范例让自己的儿子学习。林逋的咏梅佳句,着实掀起了一股强大的咏梅风。

正是由于对梅花有着异乎寻常的感情，他才写出这流传久远的咏梅绝唱。就在这品读赏析之间，诗人幽独清高、自甘淡泊的人格逐渐清晰。身处霓虹闪耀的流光溢彩，林逋超逸的身影也展现在眼前。

林和靖少年好学，诗词书画无一不精。他常对人说："逋世间事皆能之，唯不能担粪与着棋。"他诗风独特，清新自然，尤多奇句。范仲淹称赞他："风格固若厚，

林逋

文章到老醇。"欧阳修、黄庭坚都很欣赏他那清新奇特的作品。但他不想以诗传世，所以随写随丢，传下来不多。经后人搜集，仅得诗词三百余篇，题名《林和靖诗集》。

他性情淡泊，爱梅如痴，唯以读书种梅为乐。据说他在故居前后种梅三百六十余株，将每一株梅子卖得的钱，包成一包，投于瓦罐，每天随取一包作为生活费。待瓦罐空了，刚好一年，新梅子又可兑钱了。他种梅、赏梅、卖梅，过着恬然自乐的生活，常在梅园里独自吟唱，写出许多脍炙人口的梅花诗。林逋笔下的梅花，冰清

玉洁，卓雅超群，镐素襟怀，冷香风骨。形是梅花，而魂正是他自己。当他四十多岁游学到杭州孤山时，孤山的清秀吸引了他，于是他结庐而居。林逋定居后，就着手装点孤山。从所居的山园开始种梅，绕屋依篱，高高下下，一路种到湖边，又依山傍水延伸开来。对于每一棵梅树，他育苗、培土、除虫、整枝，精心管理，呕心沥血。林逋种的梅花，据《御览孤山志》记载，共三百六十余枝。整个孤山也变成了天下闻名的梅花屿。梅花绽开之日也是林逋最快乐的日子。孤山梅花的颜色本也有红有白，自林逋死后也一律成了白色。梅花如同他知冷知热的妻子，在缅怀疼惜她的丈夫。

他泰然隐居，绝意仕途，任凭高官厚禄也引诱不了他。宋真宗请他去给太子教书，也被他一口回绝。这样千载难逢的美差，不知会让多少人眼红心妒，可这位脱俗的林先生，直到临终还为他的这一举动而自豪不已。绝笔诗"湖上青山对结庐，坟前修竹亦萧疏。茂陵他日求遗稿，犹喜曾无封禅书"，就是他心境的写照。

曾经，林逋也雄姿英发，戎装佩剑，毅然出行。但宋朝皇帝的懦弱无能让他义愤填膺，他隐居到孤山，过起了独善其身、梅妻鹤子的生活。"薄夫何苦事奸奸，一室琴书自解颜"，就表明了他此后终生不仕的决心。

虽然二十来年隐居江湖，但声闻天下。他的高风亮节，又引发了朝野之士慕名拜访的热潮。但他们来他们的，他绝不回访。据说，林逋在孤山养的一对丹顶鹤，名叫鸣皋。传说这对鹤通人性，与林逋异常亲密，堪称父子：林逋于林间散步时，鸣皋跟在其后，彬彬有礼，潇洒而悠闲；林逋与高僧品茗时，鸣皋在一旁侍立，温文尔雅，恭敬而谦和；林逋同墨客对弈时，鸣皋冷眼旁观，安详而闲适。有贵客到时，鸣皋还随歌低吟，起舞助兴。林逋非常喜欢它们。他曾在一首咏鹤诗中写道："皋禽名祇有前闻，孤引圆吭夜正分。一唳便惊寥泬破，亦无闲意到青云。"平时他喜欢泛舟西湖游玩。当有客人来时，童仆引其入家门小坐等候，并放开鹤笼。林逋见家鹤飞来，便知有客来访，随即掉转船头回家。传说，在林和靖死时，这两只鹤在他的墓前悲鸣而死，也算没有辜负主人对它们的吟咏和喜爱，也更让人敬仰林逋与鸣皋之间的"父子"情深。

在梅树下写诗，在花间饮酒，揣摩梅花的品性，崇敬梅花的风骨，尽情领略月下花姿花香的神韵。林逋，能让诗成为你的挚爱，让孤山成为你心目中的胜地，让梅花和仙鹤成为你梦境中的念想。

不染尘世不遭污秽，立志淡远高洁，他是个真正的隐士。他的崇高品质感动了世人。他爱梅爱鹤，已到了天人合一的境地。他终生不仕不婚，在山明水秀的西湖边的孤山中隐居，直到八十三岁死于孤山，葬于孤山。不是他的故事奇特，只是"梅妻鹤子"的称号，给他增添了些许的神秘。

林逋的一生是隐居的一生，是率性洒脱的一生。林逋的节操和学识很得宋真宗的赏识，曾赐号"和靖处士"。死后，宋仁宗也"赐谥和靖先生，赙粟帛"；梅尧臣为他的诗集作序，说读他的诗"令人忘百事"，"时人贵重甚于宝玉"；欧阳修说自林逋去世之后，"湖山寂寥，未有继者"。南宋吴锡畴《林和靖墓》诗云："遗稿曾无封禅文，鹤归何处认孤坟。清风千载梅花共，说著梅花定说君。""清风"二字，也许是后人对他最恰切的评价。

孤山北麓立有一小亭，人称"放鹤亭"，是元朝人为纪念林逋而修造的。亭内置有清朝康熙皇帝临明朝书法家董其昌写的《舞鹤赋》。冬末春初，登亭远眺：各色梅花争奇斗艳，竞相怒放，蔚然可观。而今，孤山放鹤亭一带，是西湖赏梅胜地。梅花盛世历千年而不衰，也许是托福于林逋对待"梅妻"的深厚情义吧。

而今，林逋已成了闲云野鹤生活的代名词。修葺一新的山庄，惨遭涂鸦的舞鹤碑，还有那被举止颇不文雅的游客占据的放鹤亭，都已经物是人非。

往事如烟！如今，"梅妻鹤子"的故事早已成为西湖佳话，成为中国文化精神的独特标杆之一。潇洒的和靖先生带给了西湖数不清的潇洒。在这个纷争的世界里，我们心有放鹤亭，心存梅花园，让内心远离尘世的喧嚣，寻求一个宁静淡泊，不贪求，不奢华，像傲梅、幽兰、野鹤、清菊、修竹等飘逸潇洒，悠闲自在，荣辱得失均化为云烟。

闲适:"坐拥图书消暇日"的李东阳

在如今"读书是一种奢侈"的浮躁社会风气里，能够"坐拥图书消暇日"，可能是很多人心中永远的梦想。而在中国明代，有一个人就做到了，他就是李东阳，茶陵诗派的核心人物，诗人、书法家、政治家。

李东阳少年得志，才华横溢，仕途通达。他字宾之，号西涯，祖籍湖广茶陵，明朝长沙府茶陵州人。在父亲的严格督导教育下，自幼习文，有神童之誉。因他的才名，在四岁、六岁、八岁时，先后被景宗召见过三次，而且每次都能够让皇帝心满意足、心花怒放。小小年纪能有如

李东阳

此大的能耐，他的聪明机智可见一斑。

李东阳从十八岁进朝为官，到六十九岁撒手人寰，为官五十年，从小小的翰林院编修到权倾一时的礼部尚书兼文渊阁大学士，李东阳可以说是能够在京城呼风唤雨的人物。这样一位高官，本来应该官事繁忙无暇顾及其他，可李东阳却官高事闲雍容华贵，他"坐拥图书消暇日"，被人称作"伴食宰相"。

李东阳长期生活在北京，京城内外的自然山水也就成为他欣赏创作的对象。他论诗声色并重，所以他山水诗的创作不仅注重色泽耀眼，而且注重音调和谐。他曾颇有激情地描绘过《京都十景》，其中《蓟门烟树》这样写道：

蓟门城外访遗踪，树色烟光远更重。飞雨过时青未了，落花残处绿还浓。路迷南郭将三里，望断西林有数峰。坐久不知迟日霁，隔溪僧寺午时钟。

诗中对"青""绿"色彩的描绘，能够激发读者诗意化的想象。另外，"踪""重""浓""峰""钟"为韵脚，对仗押韵，让人读起来朗朗上口，心中颇有一种悠闲舒适的感觉。

长为寻幽爱远行，更于幽处觉心清。只园树老知僧腊，石壁诗存见客名。望入楼台皆蜃画，梦惊风雨是秋声。人间亦有无生乐，化外虚传舍卫城。

这是他《西山十首》中的第五首诗，诗中不仅满怀激情地描绘了京城的山山水水，而且他自觉地从京城山水中得到一种愉悦和省悟，使其精神进一步地升华。从人间的自然山水中领悟到无穷尽的乐趣，充分显现出他的闲适和雅趣。一位官高事闲、雍容华贵的士大夫的风采也显露无遗。

明朝永乐、成化年间，文坛流行"台阁体"，内容贫弱冗赘，形式典雅工丽，文运极衰。李东阳对台阁末流的"缓弱"是非常讨厌的，他有意识地引入山林之风，对台阁体进行了改造，这对七子有开启之功。《艺苑卮言》卷六即云："长沙之于何、李，其陈涉之启汉高乎！"七子的中坚李梦阳，对此也不讳言："我师崛起杨与李，力挽一发回千钧。"因此，茶陵诗派是由台阁体向七子过渡的纽带。

李东阳的山水诗丰富多彩，归功于他的三次短暂的离京外出。这三次离京让李东阳眼界大开，身临其境更使得他作诗水到渠成。

成化八年，李东阳得到皇帝的批准，回原籍祭拜祖茔，这是他第一次离开北京。他二月出发，八月回京，在茶陵待了十八天。来回的路上，他饱览了祖国大好山河，游历了许多名胜古迹，促使他山水诗创作的诗兴大发。正如他在《南行稿序》中云：

> 方吾舟之南也，出东鲁，观旧都，上武昌，溯洞庭，经长沙，而后至其间。连山大江，境象开豁，廓然若小宇宙而游混茫者，信天下之大观也。既而下吉安，历南昌，涉浙江，经吴会之墟，则溪壑深窈，峰峦奇秀，千变百折，间见层出，不知其极。柳子厚所谓旷与奥者，庶几其两得

之。其间流峙之殊形，飞跃开落之异情，耳目所接，兴况所寄，左触右激，发乎言而成声，虽欲止之，亦有不可得而止矣。

这次外出使李东阳山水诗创作的风格更为多样化、丰富化。他写出了气势磅礴的《长江行》。

奇形异态不可以物象，但见变化无终穷：或如重胎抱混沌，或如灏气开穹窿；或如织女抱素练，或如天马驰风鬃；空山怒哮饱后虎，巨壑下饮渴死虹；或如轩辕铸九鼎，大冶鼓动洪炉风；或如夸父逐三足，曳杖狂走无西东；或如甲兵宵驰聚啸满山谷，或如神鬼昼露万象出入虚无中。吁嗟乎，长江胡为若兹雄，人不识无乃造化之奇功。

从中，读者深切地感受到长江雄奇奔放的阳刚之美。

突兀山城抱此州，江间怪石拥戈矛。随波草树愁生蟀，骇浪蛟龙却避流。岂有岩峣能砥柱，只多冲折向行舟。凭谁一试君山手，月落江平万里秋。

这是他的诗作《江中怪石》。诗中对山水怪石等的描写，活灵活现，生动无比。不是切身的观察体验，很难表现出山水带给人们的多样的感受，这是那些闭门造车的诗人无法想象和创作的。

李东阳第二次外出在成化十六年。这次去南京是以翰林院侍讲的身份。兼任应天府乡试考试官，因怕误事所以去时没有心情游山玩水。等考试完毕，他才攀登名山，游览胜地，创作诗篇。

> 虎踞关高鹫岭尊，四山环绕万家村。城中一览无余地，象外空传不二门。人世百年同俯仰，江流中古此乾坤。南都胜概今如许，归与长安父老论。

——《登清凉寺后台》

> 谷口斜通驿，山根半入江。磴云朝拂翠，岩雨夜闻淙。水静帆来稳，天空鸟去双。向来羁泊地，幽思绕离缸。

——《望龙潭驿》

这些诗不再仅仅停留在对山水表面的描摹刻画，而是添入了理性的思考，其中有人生的阅历，含深沉的感慨，与那些仅仅注重表面形式的诗文截然不同。

弘治十七年，李东阳第三次离京外出，是带着政治任务的，去孔庙祭祀。因为有任务在身，他一路上注意访察民情，没有过多时间游山玩水，创作的山水诗也随之减少。即使有一些描写山东山水的诗篇，也将其忧国忧民的情绪贯穿其中。如《望岳》，一方面描写了"半空翻碧浪，平陆走苍龙。紫爱沾岚湿，青怜泼黛浓"的泰山景观，另一方面又发出"岁旱当忧国，民劳恐病农"的感喟。这样的山水诗，也充分证明了李东阳的正直和爱民，也算是对那些说他是"伴食宰相"的人的反击吧。

李东阳不仅自己身体力行，写出有真情实感的山水诗，还以他的人缘关系为纽带，吸收与他同年中进士并同入翰林院者和他的门生等，形成茶陵诗派。李东阳就以茶陵诗派领袖自居，其他茶陵诗派成员也公认其为领袖。门生经常在李东阳家聚集，"谈文讲艺"，茶陵诗派成员具有自觉的风格趋同意识，他们自觉地去模仿李东阳的诗文风格。他们讲究韵律、技法，反对机械模拟，注重抒情。至弘治中期，七子起，"文必秦汉，诗必盛唐"，复古文学运动取代了"台阁体"。李东阳写诗力主宗法杜甫，强调法度、音调。李东阳以拟古乐府较著名，咏怀史实、抒己感慨，或指斥暴君虐政，或同情人民疾苦。比如，《筑城怨》《三字狱》《易水行》《淮阴叹》等，写众多古人古事，中肯深刻而正气凛然。他写《拟古乐府诗》百首，开七子创作趋向之先河，对七子有明显影响。茶陵诗派这种承前启后的作用，自古受到人们的重视。

《明史·李东阳传》写道："弘治时，宰相李东阳主文柄，天下翕然宗之。"李东阳以书法闻名，更是位著名的文学家。他入阁十八年，在朝时间长，地位高，才学渊博。他奖励后学，推荐隽才，因此不少文学之士都在他周围。李东阳也在明中期一度领导文坛。

李东阳为官清廉，虽身居宰辅却无多少私产积蓄。休官后，他常常感到生活拮据。幸好他的书法闻名，求其诗文书篆的人络绎不绝，李东阳就以此来补贴家用。为官一任，却没有造福一方；满腹诗书，却教子无方。不知这位"坐拥图书消暇日"的高官，会作何感想。也许，笔者不该求全责备。他的清廉、他的才气、他的正直，才算是对他最真的评价吧。

后 记

　　中华优秀传统文化凝聚着古人的智慧与情感，成为中华民族的灵魂与底蕴。修身齐家治国平天下，可谓是中华优秀传统文化的重要理念和价值取向。

　　《易经》有言，"观乎人文，以化成天下"，意为观览前人诗书礼乐的文化积淀，可用来移风易俗而推行教化于天下百姓。这也是本书撰写的目的之所在。本书着眼于与人们日常生活密切相关的方方面面，用中华优秀传统文化的丰厚养分来滋养和启迪人生，做到古为今用。

　　本书部分篇目衍生于作者本人的前期成果，在原有成果基础上深挖掘、求创新，试以中华优秀传统文化新视野洞悉古人智慧及古代社会。书内行文力求清新明快、深入浅出，能够给予读者轻松且有助益的阅读体感，然而受到本书篇目设置及种种条件限制，仍有东鳞西爪、浅尝辄止之嫌。书中问题和缺点仍有不少，还望读者诸君不吝赐教，给予我们宝贵的支持与帮助。

　　本书的立意、构思和写作得到了前辈恩师乔力先生的悉心指教，在此致以崇高的敬意。山东社会科学院文化研究所郑艳研究员对本书书稿的撰写给予了大力支持，特别是在"仪式信仰篇""岁时节日篇"等的撰写、配图、校正等方面做了大量工作，在此致以诚挚的谢意。

　　此外，还要特别感谢山东画报出版社的张倩编辑，其扎实的专业知识和耐心指导，帮助作者克服了许多困难与挑战，使得本书得以顺利出版。

2024年6月5日